本书为北京第二外国语学院中国公共政策翻译研究院成果，受北京第二外国语学院一流专业建设（翻译）项目经费和科研保障经费资助。

THE STATUTES OF THE REPUBLIC OF SINGAPORE
BUILDING MAINTENANCE AND STRATA MANAGEMENT ACT

新加坡共和国
建筑维护和分层地契管理法

新加坡建设局 | 著
Building and Construction Authority, BCA

张颖 孙巍伟 张蕾 | 译

中国社会科学出版社

图书在版编目(CIP)数据

新加坡共和国建筑维护和分层地契管理法 / 张颖，孙巍伟，张蕾译 . —北京：中国社会科学出版社，2020.9
ISBN 978 - 7 - 5203 - 7190 - 2

Ⅰ. ①新… Ⅱ. ①张…②孙…③张… Ⅲ. ①物业管理—房地产法—新加坡 Ⅳ. ①D933.923

中国版本图书馆 CIP 数据核字（2020）第 171466 号

出 版 人	赵剑英
责任编辑	王 衡
责任校对	王 森
责任印制	王 超

出　　版	中国社会科学出版社
社　　址	北京鼓楼西大街甲 158 号
邮　　编	100720
网　　址	http://www.csspw.cn
发 行 部	010 - 84083685
门 市 部	010 - 84029450
经　　销	新华书店及其他书店

印　　刷	北京明恒达印务有限公司
装　　订	廊坊市广阳区广增装订厂
版　　次	2020 年 9 月第 1 版
印　　次	2020 年 9 月第 1 次印刷

开　　本	710×1000　1/16
印　　张	14
字　　数	172 千字
定　　价	79.00 元

凡购买中国社会科学出版社图书，如有质量问题请与本社营销中心联系调换
电话：010 - 84083683
版权所有　侵权必究

自　　序

党的十八大以来，习近平总书记提出："建设一个什么样的首都，怎样建设首都"这一重大课题，首都积极对标对表国际先进理念，城市治理领域重大公共政策陆续出台，其中就包括2019年底通过的《北京市物业管理条例》。

北京第二外国语学院中国公共政策翻译研究院受北京市人民政府外事办公室委托，承担了《新加坡共和国建筑维护和分层地契管理法》翻译工作，为政府决策提供参考。中新两国政治制度、法律体系、表达习惯差异明显。翻译团队怀着一颗敬畏之心，从紧张的翻译时限中拨出数周时间潜心调研新加坡相关政策法律背景，对焦中国国情，统一基本概念含义和术语表述，不到80天的时间里，形成十万字专业性译文呈报市领导，为助力首都改革开放做出了自己的贡献。

在此次翻译过程中，我们特邀该法律制定团队首席专家、新加坡国立大学法学院教授 Teo Keang Sood 教授重点讲解法律难点，召开由新加坡、中国香港、中国大陆法律、翻译专家和北京市外办、住建委专业团队共同参与的物业法专题研讨会，围绕新加坡特色理念努力形成表达形式和概念内容最贴近中文习惯的译文。译前研讨也加强了译者对用户需求的了解，进一步提高了译文质量，是在政策制定者、译者及译文使用者之间搭建沟通与交流平台的一次较为成功的尝试。

  此书另一创新之处在于为读者在阅读正文之前提供了一份较为详尽的重要术语概念及译文表，对属于新加坡特色的概念，同时列出新加坡中文、中国香港译文和中国大陆参照概念，并给出综合比对后的译文建议和理由，以帮助读者扫清文本阅读障碍，更好理解该法内容和逻辑。

  由于本法专业性很强，在有限时间内还有不少细节琢磨得不够透彻，欢迎读者朋友们批评指正。

本书翻译团队

2019 年 12 月 20 日

前　　言

随着北京加快城镇化步伐，高层建筑规划与建设方兴未艾，对高层建筑进行适当的维护和管理至关重要。北京市正稳妥推进该项工作，借鉴国外在分层地契管理方面的最佳实践经验，结合首都实际，制定相关条例。

鉴于国外分层地契管理法没有中文文本，因此首先需要将相关法准确地翻译成中文。《新加坡共和国建筑维护和分层地契管理法》由北京第二外国语学院中国公共政策翻译研究院翻译。研究院为明确该法相关条款含义，为北京市政府政策实施提供准确参考做了不少工作，这一点颇值得称赞。

2019年11月10日，中国公共政策翻译研究院汇集该领域各方面专家，就深入理解该法在新加坡的适用开展了一次专业研讨。希望这项工作今后能够进一步推动完善北京高层建筑物业管理标准。

Teo Keang Sood 教授
新加坡国立大学法学院

重要概念及术语翻译

英文	新加坡华文	中国内地类似表述	香港地区中文	本书译文	释义
strata titles board	分层地契局	无	分层地契局	分层地契委员会	strata titles board 为调解仲裁机构，国内无类似机构，"局"在国内通常理解为政府行政部门，为避免歧义，译为"委员会"
common property	共有产业	公用设施	共有物业	共有物业	common property 指的是物业共用部位及共用设施设备等，比"公共设施"范围更广，"产业"在国内有多重含义，故译为"共有物业"
limited common property	有限共有产业	部分共用设施	有限共有物业	限制性共有物业	limited common property 指的是在综合用途的建筑中某一单独性质产权业主的共有物业，国内无固定表述。"限制性"较"有限"更能突出物业本身属性
management corporation	管理委员会	业主大会	物业管理法团	管理法团	management corporation 为共有物业而设立，包含该分层地契计划内所有单位业主，为法人团体。"管理委员会"概念较含糊，而内地"业主大会"目前不具法人资格，故译为"管理法团"

续表

英文	新加坡华文	中国内地类似表述	香港地区中文	本书译文	释义
subsidiary management corporation	附属管理委员会	无	次级物业管理法团	次级管理法团	subsidiary management corporation 为限制性共有物业而设立，具有法人资格。"次级"较"附属"更加明确了其与 management corporation 的关系
subsidiary proprietor	附属业主	单元业主	业主	单位业主	subsidiary proprietor 在文中通常与 of a lot（物业单位）连用，与国内"单元业主"含义不完全重合；并不具有"附属"特征，故译为"单位业主"
joint subsidiary proprietor	共同附属业主	共有产权人	共同业主	共有单位业主	joint subsidiary proprietor 类似国内一个单位物业的"共有产权人"，为确保概念准确，译文简洁，行文一致，故译为"共有单位业主"
managing agent	开发管理代理	物业公司	物业管理企业	物业公司	"managing agent"为由管理法团指定，为业主提供物业服务的企业，即为国内常说的"物业公司"。"开发管理代理"概念较为模糊，不易于内地读者理解
share values	分层地契份额	无	分层地契份额	分层地契份额	"share values"指某一单位建筑的产权占整个建筑项目所有产权的份额，非金融语境下的"股票价值"。国内无对应译法，故采纳新加坡和香港地区中文，译为"分层地契份额"
occupier	住户	使用人	占用人	使用人	"occupier"指的是"物业使用人"，参考《中国物业管理条例》，译为"使用人"

续表

英文	新加坡华文	中国内地类似表述	香港地区中文	本书译文	释义
poll	按份额投票	投票	按份额投票	按单位份额投票	"poll"是指业主在进行业主大会或有关决策时进行投票。为强调其投票权取决于本人单位的份额占比，而非国内通常采用的业主代表制，即"一人一票"，译为"按单位份额投票"
by-law	附则	章程	附则	规约	这里的"by-law"指某一法条规定的具体事项或由管理法团或次级管理法团制定的相关规定。"附则"通常指"附在法律、法规后作为辅助性内容存在的规则"，"章程"指"经特定程序制定的关于组织规程和办事规则的规范性文书"，两者均无法完全与本书中的概念完全对应，故译为"规约"

本法案旨在废除和重新修订"建筑和共有物业（维护与管理）"法（第三十章2000年修订版），以便对建筑物进行适当的维护和管理，并依据《地契（分层）法》（第一百五十八章1999年修订版）和其他成文法进行相应修订。

[2005年4月1日：第七部分第十一条第（2）款，第（4）款，第（6）款，第十二条第（2）款，第三十三条第（8）款，第（9）款，附件三第（5）款及附件五第（9）款第（b）项，第（11）款以及第（12）款第（a）项除外]

目　　录

第一节　序言 ································· (1)
　　第一条　简称和生效日期 ······················· (1)
　　第二条　名词解释 ····························· (1)

第二节　职务任命 ····························· (13)
　　第三条　执行专员及其他职务任命 ··············· (13)
　　第四条　执行专员和其他官员均视为公务员 ······· (13)

第三节　建筑大楼的维护 ······················· (14)
　　第四A条　对本节的解释 ······················· (14)
　　第五条　本节的适用范围 ······················· (14)
　　第六条　执行专员可要求建筑业主等承担维修
　　　　　　等义务 ······························· (14)
　　第六A条　费用追偿 ··························· (16)
　　第七条　建筑业主等交付押金 ··················· (17)
　　第八条　可就维修通知提出上诉 ················· (17)
　　第九条　楼体外部不安全问题 ··················· (18)

第四节　分层地契建筑 …………………………………… (20)

第十条　本节的适用范围及"销售"的含义 …………… (20)

第十一条　分层地契房屋须在《建筑分层单位附表》
　　　　　获得执行专员许可后方可出售 ……………… (20)

第十二条　分层地契房屋《建筑分层单位附表》一旦
　　　　　获批不得更改 ………………………………… (22)

第十三条　第十一条禁令之外的情况 …………………… (23)

第十四条　违规行为 ……………………………………… (24)

第五节　分层地契房屋管理 ……………………………… (25)

第一部分　未成立管理法团之前应由业主开发商管理 …… (25)

第十五条　本部分的适用范围 …………………………… (25)

第十六条　由开发商设立维修基金 ……………………… (25)

第十七条　业主开发商在维修基金方面的职责 ………… (28)

第十八条　未经执行专员批准，不得收取维修费用 …… (31)

第十九条　执行专员可为开发项目委任物业公司 ……… (31)

第二十条　物业公司的权力和职责 ……………………… (32)

第二十一条　业主开发商应继续履行维修义务 ………… (34)

第二十二条　买方未支付维修费用 ……………………… (34)

第二十三条　业主开发商设立管理法团的职责 ………… (35)

第二部分　管理法团及共有物业 ……………………………… (37)

第二十四条　管理法团的设立 …………………………… (37)

第二十五条　管理法团公章 ……………………………… (38)

第二十六条　管理法团首次年度业主大会 ……………… (39)

第二十七条　管理法团会议（不含首次年度业主
　　　　　　大会） ……………………………………… (43)

第二十八条　管理法团地址 ……………………………… (43)

第二十九条　管理法团在物业方面的权力与职责 ………（44）

第三十条　管理法团开展工作的权力 ……………………（46）

第三十一条　管理法团进入权 ……………………………（48）

第三十二条　共有物业规约 ………………………………（48）

第三十三条　共有物业专用规约 …………………………（51）

第三十四条　共有物业的处置与添加 ……………………（54）

第三十五条　管理法团设立地役权 ………………………（55）

第三十六条　单位业主可向法院提交与共有物业相关的申请 ……………………………………………………（55）

第三十七条　单位的修缮和扩建 …………………………（56）

第三十七A条　安全设备安装须知 ………………………（57）

第三十八条　维修基金和累积基金 ………………………（58）

第三十九条　单位业主缴纳的费用由管理法团决定 ……（61）

第四十条　单位业主缴纳的费用 …………………………（62）

第四十一条　费用的增加或变更 …………………………（64）

第四十二条　首次年度业主大会前应付的费用 …………（66）

第四十三条　通过出售单位追偿费用 ……………………（66）

第四十四条　成员需承担的管理法团债务 ………………（69）

第四十五条　管理法团的账目审计 ………………………（69）

第四十六条　分层地契房屋信息档案 ……………………（70）

第四十七条　管理法团需提供的信息等 …………………（71）

第四十七A条　共有物业征用补偿决定公示 ……………（73）

第四十八条　管理法团的所有相关记录 …………………（74）

第四十九条　管理法团成立初期受到的权力限制 ………（74）

第五十条　管理法团成立初期允许对共有物业进行变更 ……………………………………………………（76）

第五十一条　管理法团成立初期执行专员授权部分

　　　　　　事项的权力 ……………………………………（76）

第五十二条　对执行专员的决定提出上诉 ………………（76）

第三部分　理事会 ……………………………………（77）

第五十三条　管理法团理事会 ……………………………（77）

第五十三A条　综合开发理事会 …………………………（80）

第五十三B条　理事会成员候选人提名 …………………（82）

第五十四条　理事会成员的更替 …………………………（83）

第五十五条　理事会主席、秘书和财务总监 ……………（85）

第五十六条　理事会秘书的职责 …………………………（86）

第五十七条　理事会财务总监的职责 ……………………（87）

第五十八条　理事会的决定即管理法团的决定 …………（88）

第五十九条　管理法团对理事会的制约 …………………（88）

第六十条　公开与合同、产权及职位等方面相关的

　　　　　利益 ……………………………………………（88）

第六十一条　理事会成员和官员的责任和义务 …………（90）

第四部分　单位业主和使用人 ………………………（91）

第六十二条　分层地契份额 ………………………………（91）

第六十三条　单位业主及其他使用人的义务 ……………（91）

第六十四条　个人可以代表企业单位业主和抵押

　　　　　　权人 …………………………………………（92）

第六十五条　单位业主和抵押权人应提交的通知 ………（93）

第五部分　物业公司 …………………………………（95）

第六十六条　管理法团物业公司的委任 …………………（95）

第六十七条　物业公司所授权承接的职责和法律

　　　　　　责任 …………………………………………（96）

第六十八条　物业公司被禁止的行为 …………………（98）
第六部分　保险 ………………………………………………（99）
　　第六十九条　对此部分的解释 …………………………（99）
　　第七十条　分层地契建筑保险 …………………………（100）
　　第七十一条　管理法团作出的进一步保险 ……………（100）
　　第七十二条　单位业主保险 ……………………………（101）
　　第七十三条　单位抵押保险 ……………………………（101）
　　第七十四条　重建 ………………………………………（102）
　　第七十五条　管理法团的可保利益 ……………………（102）
第七部分　次级管理法团与限制性共有物业 ………………（103）
　　第七十六条　本部分的适用范围 ………………………（103）
　　第七十七条　划分限制性共有物业与为之设立次级
　　　　　　　　管理法团的目的 …………………………（103）
　　第七十八条　限制性共有物业的划分 …………………（104）
　　第七十九条　次级管理法团及其职能 …………………（107）
　　第八十条　次级管理法团的管理 ………………………（109）
　　第八十一条　次级管理法团的费用分担 ………………（109）
　　第八十二条　限制性共有物业规约 ……………………（110）
　　第八十三条　对管理法团在限制性共有物业方面的
　　　　　　　　判决 …………………………………………（111）
第八部分　分层地契管理方案的终止 ………………………（111）
　　第八十四条　管理法团等的终止 ………………………（111）
第九部分　其他事项 …………………………………………（112）
　　第八十五条　管理法团等可在诉讼中代表单位业主的
　　　　　　　　利益 …………………………………………（112）
　　第八十五A条　管理法团在征用非单位物业时的有限
　　　　　　　　　代表权 ……………………………………（113）

第八十六条　出现某些结构性破损时管理法团作为单位业主的代理人代其提出诉讼的权力 …… (114)

第八十七条　单位业主向管理法团提起诉讼的费用 ……………………………………… (115)

第八十八条　对违反此节法律的处理……………… (115)

第六节　纠纷与分层地契委员会……………………… (117)

第一部分　分层地契委员会 ………………………… (117)

第八十九条　分层地契委员会……………………… (117)

第九十条　主席等职位及专家组的任命 ………… (118)

第九十一条　对分层地契委员会成员的保护 …… (118)

第九十二条　分层地契委员会诉讼………………… (119)

第九十三条　听证会的延续 ……………………… (120)

第九十四条　分层地契委员会听证会上的代表权 … (121)

第九十五条　分层地契委员会对土地所有权问题无管辖权 …………………………………… (121)

第九十六条　证人可被分层地契委员会传唤 …… (121)

第九十七条　分层地契委员会可管理宣誓或证词 …… (122)

第九十八条　就法律问题向高等法院提出上诉 ……… (122)

第九十九条　分层地契委员会成员 ………………… (123)

第一百条　津贴 ……………………………………… (123)

第二部分　分层地契委员会签发的命令类型 ………… (124)

第一百〇一条　签发解决纠纷或撤销控诉等命令的一般权力 ………………………… (124)

第一百〇二条　召集会议的命令 ………………… (126)

第一百〇三条　诉讼作废的命令 ………………… (127)

第一百〇四条　投票权被否决或未收到应有通知时
　　　　　　　签发的命令 ……………………………………（128）

第一百〇五条　撤销规约修正案的命令 …………………（128）

第一百〇六条　作废所谓的规约的命令 …………………（129）

第一百〇七条　变更某些利率的命令 ……………………（129）

第一百〇八条　变更缴费的命令 …………………………（129）

第一百〇九条　变更保险金额的命令 ……………………（130）

第一百一十条　提出或追求保险索赔的命令 ……………（131）

第一百一十一条　与影响共有物业的许可相关的
　　　　　　　　命令 ……………………………………（131）

第一百一十二条　任命物业公司行使某些权力的
　　　　　　　　命令 ……………………………………（131）

第一百一十三条　提供信息或文件的命令 ………………（132）

第一百一十四条　允许进入单位的命令 …………………（132）

第一百一十五条　解决管理法团与次级管理法团等
　　　　　　　　之间纠纷的命令 ………………………（133）

第三部分　其他事项 …………………………………………（134）

第一百一十六条　分层地契委员会有权驳回某些
　　　　　　　　申请 ……………………………………（134）

第一百一十七条　与命令有关的一般规定 ………………（134）

第一百一十八条　临时命令 ………………………………（135）

第一百一十九条　通知送达的效力 ………………………（136）

第一百二十条　命令的执行及对其违反的处罚 …………（137）

第七节　［已废除］ …………………………………………（138）

第八节　概述 …………………………………………（139）

  第一百二十三条　不受本法影响的其他权利和补救
       措施 …………………………………………（139）

  第一百二十四条　法律诉讼 …………………………（139）

  第一百二十五条　违反此法的法团及非法人团体 …（139）

  第一百二十六条　执行专员的监督权力 ……………（140）

  第一百二十七条　向执行专员提供虚假或误导性
       信息 …………………………………………（144）

  第一百二十八条　一般性罚款 ………………………（145）

  第一百二十九条　送达通知 …………………………（145）

  第一百二十九A条　通知中不准确之处等 …………（147）

  第一百三十条　法院管辖权 …………………………（147）

  第一百三十一条　违规行为的和解 …………………（148）

  第一百三十二条　免负法律责任 ……………………（148）

  第一百三十三条　对政府的适用 ……………………（148）

  第一百三十四条　豁免 ………………………………（148）

  第一百三十五条　附表的修订 ………………………（149）

  第一百三十六条　条例 ………………………………（149）

  第一百三十七条　因撤销《建筑和共有物业（维护与
       管理）法》而设立的过渡性条文及
       保留条文 ……………………………………（152）

  第一百三十八条　《地契（分层）法》的相应
       修正 …………………………………………（153）

  第一百三十九条　过渡性条文及保留条文 …………（153）

  第一百四十条　其他成文法律的相应修正 …………（154）

  附表一　管理法团和次级管理法团业主大会 ………（154）

附表二　理事会和执行委员会的会议记录 …………（168）
附表三　对《地契（分层）法》（1999年版
　　　　第一百五十八章）的相应修订 …………（173）
附表四　过渡性条文及保留条文……………………（182）
附表五　对其他成文法的相应修订…………………（189）

立法资料来源 ………………………………………（196）

立法历史 ……………………………………………（197）

致　谢 ………………………………………………（201）

第一节 序言

简称和生效日期

第一条

本法案可称为《建筑维护与分层地契管理法》,将根据部长在《政府公报》上通知的日期生效。

名词解释

第二条

(1) 本法案中,除非文中另有规定——

"委员会"是指根据第六节成立的任何分层地契委员会;

"建筑"包括建筑的一部分;

"建设局"是指根据《建设局法案》(第三十A章)第三条设立的建设局;

"规约",对于分层地契计划包含的任何地块而言,是指——

(a) 根据第一百三十六条的条规所规定的任何规约;

(b) 根据第三十二条或第三十三条管理法团制订的,且对该地块有效力的任何规约;或

(c) 由次级管理法团根据第八十二条制定的关于该分层地契计划内所有限制性共有物业的规约。

"天花板"不包括任何假天花板;

"总测量师"是指根据《界限与测绘地图法案》（第二十五章）第三条任命的总测量师；

"执行专员"是指根据第三条第（1）款任命的建筑执行专员，以及根据第三条第（3）款任命的、行使专员权力或履行其义务的任何其他官员；

"共同费用"是指——

（a）与管理法团持有或代持的共有物业和任何动产有关的费用；

（b）与次级管理法团持有或代持的限制性共有物业和任何动产有关的费用；或

（c）管理法团或次级管理法团完成目的或承担义务所需的费用；

"共有物业"，除非第（9）款另有规定，是指——

（a）与分层地契计划已经包含或将要包含的任何土地和建筑，或该土地和建筑的一部分有关的——

（i）不包含在该分层地契计划中的任何单位或待批单位；且

（ii）被两个或更多单位的使用人使用或能够使用或享用；

（b）与任何其他土地和建筑或该土地和建筑的一部分有关的——

（i）不包含在任何非分层单位；且

（ii）被该土地或建筑内两个或更多非分层单位的使用人使用或能够使用或享用；

（c）下列任何与第（a）项或第（b）项提及的任何土地和建筑有关的情况，不论是否包含在单位、待批单位或非分层单位内：

（i）被该土地或建筑内两个或更多单位、待批单位或非分层单位（视情况而定）的使用人使用或能够使用或享用的，或能为共有物业所使用或能为其服务或享用的管道、电线、电缆或输送管道；

（ii）第（i）目所提及的管道、电线、电缆或输送管道的封闭结构所包括的立体空间；

（iii）该建筑的任何结构要素；

（iv）外墙或屋顶所附的防水膜；

举例：

（a）地基、承重墙、房柱、房梁、剪力墙、结构体、地锚、平板（不包括任何衬底或地面层）、桁架和普通楼梯。

（b）被两个或更多单位、待批单位或非分层单位的使用人使用或享用，或能够使用或享用的外墙或屋顶或立面。

（c）不在单位、待批单位或非分层单位内的花园、运动或娱乐设施、小汽车或其他车辆的停车场。

（d）中央空调系统及其附属物，和喷水消防系统及其附属物。

（e）任何提供水、排水、污水、燃气、油、电、电话、广播、电视、垃圾、供热或冷却系统，或者其他类似服务以及使其通过的滑槽、管道、电线、电缆、输送管道或设施。

"主管当局"是指根据《规划法》（第二百三十二章）第五条就土地开发或划分而任命的主管当局；

"理事会"，与管理法团有关，是指管理法团理事会；

"开发"是指任何正在进行或将要建造建筑的地块；

"自动扶梯"是指依靠电力驱动、由连续移动的阶梯和扶手组成，在建筑的不同楼层之间运输人员的楼梯，包括自动人行道，除非有特别说明；

"执行委员会"，对于次级管理法团而言，是指该次级管理法团的执行委员会；

"楼体外部"与《建筑控制法》（第二十九章）中的含义相同；

"直系亲属"，对于一个人而言，是指其配偶、子女、收养的子女、继子女、兄弟姐妹和父母。

"初期"，对于管理法团或次级管理法团而言，是指从该管理法团或次级管理法团（视情况而定）成立之日［根据第七十八条第（2）款第（b）项的综合决议除外］到以下日期——

（a）12个月后；或

（b）管理法团或（视情况而定）次级管理法团首次年度业主大会举行之日

以先发生者为准；

"视察"包括检查和测试，不论是否使用仪器协助；

"土地"与《地契法案》（第一百五十七章）中的含义相同；

"直梯"是指如下的电力驱动装置——

（a）是，或有意，永久性地安装或附属于建筑或建筑的一部分；

（b）用来或设计用来将人员和物品抬升或下降或既抬升又下降的；且

（c）包括轿厢、笼状物或平台，其方向或运动大体上垂直，并受到一根或多根导轨的限制并包括操作直梯所使用或设计使用的任何支撑结构、机械、设备、齿轮和外壳，除非有特别说明；

"限制性共有物业"是指一个地块上的如下共有物业——

（a）将要包含在分层地契计划的共有物业，在任何待批单位的销售和购买协议中已经指定的，在地块中使得两个或更多（但不是全部）待批单位的购买者所排他性受益的；或

（b）已经包含在分层地契计划中的共有物业，在分层地契计

划第七十八条第（2）款所提述的综合决议所指定为该分层地契计划两个或更多（但不是全部）的单位业主所排他性受益的，

但是不包括——

（i）在该地块任何建筑的地基、房柱、房梁、支撑物、墙壁和屋顶以及外墙上安装的任何窗户，不论是否包含在任何单位或待批单位中；

（ii）任何提供水、排水、污水，燃气、油、电、电话、广播、电视、垃圾、供热或冷却系统，或者其他类似服务以及使其通过的滑槽、管道、电线、电缆、输送管道或设施，不包含在任何单位或待批单位之中，并对所有单位或待批单位的使用人的共同使用是必要的；且

（iii）一个单位或待批单位的、位于该单位或待批单位外墙上的其他所有窗户；

"单位"是指分层地契计划中所包含的地块任何分层，以及——

（a）用于或有意用于居住、商业或其他任何目的的完整和单独的单元；且

（b）在分层地契计划中显示为一个单位，

并包括任何此类计划中明确列为附属单位的单位；

"维修基金"，就一个开发项目而言，是指为了该项目的共有物业或限制性共有物业（视情况而定），项目的业主开发商根据第十六条第（2）款或第（3）款设立的任何维修基金；

"管理法团"，就分层地契计划所包含的任何地块而言，是指根据《地契（分层）法》（第一百五十八章）设立的管理法团；

"物业公司"是指根据本法任命的物业公司；

"调解"是指调解人作为中立和独立的一方，协助争议方自己

解决争议的结构化谈判进程；

"非单位征用"是指根据《土地征用法案》（第一百五十二章）对分层地契计划内的任何共有物业（并不包括其他土地）的任何征用；

"非单位征用相关费用"，就分层地契计划中的任何管理法团而言，是指——

（a）管理法团根据《土地征用法案》准备和提交申请补偿或根据该法案就影响分层地契计划的任何非单位征用提起上诉所合理产生的任何法律费用、评估和其他专业费用；且

（b）管理法团在召开和举行会议、根据《土地征用法案》准备和提交申请补偿或根据该法案就影响分层地契计划的任何非单位征用提起上诉所合理产生的其他任何财务成本；

"非分层单位"是指以下的分层——

（a）在任何土地或建筑内、目前或将来不包含在分层地契计划内的；且

（b）用于或有意用于居住、商业或其他任何目的的完整和单独的单元；

"业主"包括业主开发商和——

（a）对于建筑而言，是指目前接受建筑租金的人，不论是归自己所有、作为代理、受托人或接受人，或当建筑租给一个租户时收到同样租金的人；

（b）对于不包含在分层地契计划中的任何共有物业或限制性共有物业而言，是指接受任何租金或收取该共有物业或限制性共有物业维修费用，包括作为共有物业或限制性共有物业业主，其姓名被列入根据《房地产税法案》（第二百五十四章）第十条所准备的评估清单的每一个人；

(c) 对于包含在分层地契计划中的任何共有物业或限制性共有物业而言，是指控制共有物业或限制性共有物业的管理法团或次级管理法团（视情况而定）；

"业主开发商"是指为分层地契计划所包含的任何地块设立管理法团之前即刻作为该地块所有人注册显示在分层地契计划中的任何人，包括任何管理者、执行者、管有抵押权人、清偿人、业权继承人或指定的人士；

"地块"是指已经或将要包含在分层地契计划中的整个土地、建筑和共有物业；

"负责人士"，就建筑的楼体外部而言，是指——

（a）除非第（b）项、第（c）项或第（d）项另有规定，楼体外部所安装的、组成其一部分的或从其延伸出的场所或建筑的业主，或负责和控制楼体外部管理和维修的其他人；

（b）除非第（c）项另有规定，楼体外部是共有物业或限制性共有物业的一部分——

（i）如果是建屋发展局住宅区的共有物业——是根据《市政理事会法案》（第三百二十九A章）为该住宅区设立的市政理事会或市政委员会聘用的承包商（如有的话）以及负责和控制该共有物业管理和维修的人；或

（ii）如果是共有物业或限制性共有物业（无论是否包含在分层地契计划之中）——是其业主或业主任命的物业公司（如有的话）以及负责和控制该共有物业或限制性共有物业管理和维修的人，除非第（d）项另有规定；

（c）如果楼体外部是作为公寓一部分的窗户、格栅或百叶窗，是该公寓的屋主或其他负责该窗户、格栅或百叶窗日常管理和控制的人；

（d）其他规定负责该楼体外部的人；

"规划许可"与《规划法案》（第二百三十二章）中的含义相同；

"主席"是指分层地契委员会的主席或副主席，也包括代理主席；

"拟建单位"是指分层地契计划包含的地块上任何分层的开发项目——

（a）用于或有意用于居住、商业或其他任何目的的完整和单独的单元；且

（b）在分层地契计划中显示为一个单位；

"买方"是指业主开发商以外的、就购买单位或拟建单位达成协议但单位或所建单位尚未交付或过户的人士；

"注册官"是指分层地契委员会的注册官；

"地契注册局注册官"是指根据《地契法案》（第一百五十七章）任命的地契注册局注册官；

"有关当局"是指根据任何成文法授权的、负责批准任何土地开发或分层计划，或与任何建筑建造有关的计划的任何一个或多个政府或法定当局，包括主管当局；

"废除法令"是指由本法废除的《建筑和共有物业（维护与管理）法》（第三十章）；

"建筑分层单位附表"，对于任何地块而言，是指显示在该地块内每个单位或拟建单位分层地契份额的建筑分层单位附表，包括任何修订的建筑分层单位附表；

"分层地契份额"，就单位或拟建单位而言，是指该单位或拟建单位在建筑分层单位附表中所显示的分层地契份额；

"分层地契房屋信息档案"，对于分层地契计划上显示的任何

分层地契建筑而言，是指第四十六条所提到的、与该分层地契计划相关的房屋信息档案；

"分层划分"包括对包含一个或多个单位的土地进行划分，无论任一单位是否与其他任一单位在同一层上；

"分层地契计划"与《地契（分层）法》（第一百五十八章）中的含义相同；

"分层"是指位于地表之下、地表或地表之上，或部分在地表之下、部分在地表之上的任何形状空间构成的、其尺度被划定的任何土地；

"结构性缺陷"是指建筑的结构性要素存在缺陷，从而——

（a）导致或可能导致该建筑或其中任何一部分按法律要求或根据任何法律须关闭或禁止使用；

（b）阻碍或可能阻碍该建筑或其中一部分继续投入使用；

（c）导致或可能导致该结构瞬时坍塌，继而可能会对该建筑造成破坏或对该建筑或其中任何一部分造成物理性损坏；

"结构性要素"，对于建筑而言，是指一座建筑中对于稳固整个或部分楼体起到重要作用的内外部承重部件，不包括门或窗；

例如：

（a）地基、承重墙、房柱、房梁、剪力墙、结构体、地锚、平板或桁架。

（b）普通楼梯。

"分层地契建筑"是指有关当局批准的分层划分计划中包含的任何一个或多个建筑；

"次级管理法团"，对于分层地契计划中任何的限制性共有物业而言，是指根据《地契（分层）法》为该限制性共有物业设立的次级管理法团；

"单位业主"与《地契（分层）法》中的含义相同；

"临时建筑"与《建筑控制法》中的含义相同；

"临时居住许可"是指根据《建筑控制法》（第二十九章）建筑控制专员颁发的临时居住许可；

"墙"包括门、窗或构成墙一部分的其他结构；

"窗"包括屋顶天窗、玻璃嵌板、玻璃砖、百叶窗、玻璃推拉窗、玻璃门、半透明板以及自然光能直接从建筑外照入房间或该建筑内部的其他建筑材料；

"工作日"是指周六、周日或公众假日以外的日期。

（2）对任何管理法团或次级管理法团而言，以下情况下，动议可以由一般性决议通过——

（a）在指明该动议的通知发出第 15 天（或更晚）正式召开的该管理法团全体会议上通过该动议；且

（b）有权表决并在现场参加投票的单位业主（本人出席或委托他人出席）的表决情况如下：

（i）如没有按分层地契份额投票，则支持动议的有效票数超过反对动议的有效票数；或

（ii）如按照分层地契份额投票，则支持该动议的有效票数所代表单位的分层地契份额总额超过反对该动议的有效票数所代表单位的分层地契份额总额。

（3）对任何管理法团或次级管理法团而言，以下情况下，动议可以由特别决议通过——

（a）在指明该动议的通知发出第 22 天（或更晚）正式召开的该管理法团全体会议上通过该动议；且

（b）如按分层地契份额投票，支持该动议的有效票数代表的分层地契份额总额至少达到参加投票的单位业主（本人出席或委

托他人出席）所有有效票数代表的分层地契份额总额的75%。

（4）对任何管理法团或次级管理法团而言，以下情况下，动议可以由一致决议通过——

（a）在指明该动议的通知发出第22天（或更晚）正式召开的该管理法团全体会议上通过该动议；且

（b）得到参加投票的单位业主（本人出席或委托他人出席）每一张有效投票的支持。

（5）对任何管理法团或次级管理法团而言，以下情况下，动议可以由90%决议通过——

（a）在指明该动议的通知发出第22天（或更晚）正式召开的该管理法团全体会议上通过该动议；且

（b）如按分层地契份额投票，则支持该动议的有效票数代表的分层地契份额总额至少达到参加（出席或委托）投票的单位业主所有有效票数代表的分层地契份额总额的90%。

（6）对任何管理法团或次级管理法团而言，以下情况下，动议可以由综合决议通过——

（a）在指明该动议的通知发出第22天（或更晚）正式召开的该管理法团全体会议上讨论该动议；且

（b）第（a）项所说的全体会议召开之后第12周结束时，根据计算分层地契份额，支持该动议的有效票数代表的分层地契份额总额至少达到所有单位业主代表的分层地契份额总额的90%，所有业主在这段时间结束时设立了管理法团或次级管理法团（视情况而定）；

（7）对任何管理法团或次级管理法团而言，以下情况下，动议可以由协商一致决议通过——

（a）在指明该动议的通知发出第22天（或更晚）正式召开的

该管理法团全体会议上讨论该动议；且

（b）第（a）项所说的全体会议召开之后第 12 周结束时，所有单位业主在这段时间结束时设立了管理法团或次级管理法团（视情况而定），书面支持该动议。

（8）就第（2）款至第（6）款所提及的任何决议所决定的任何动议而言，有效票是指有权表决的单位业主投的票，以下情况为无效票——

（a）同时赞成和反对该决议；

（b）未做标记；或

（c）字迹存在不确定因素。

（9）就本法而言——

（a）位于该单位、待批单位或（视情况而定）非分层单位外墙上的某单位、待批单位或非分层单位的所有窗户，无论是百叶窗、竖铰链窗、推拉窗或任何带有活动部件的窗户，都应属于该单位、待批单位或（视情况而定）非分层单位，而非共有物业的一部分；

（b）位于该单位、待批单位或（视情况而定）非分层单位外墙上的某单位、待批单位或非分层单位的其他窗户，除非分层地契计划另有规定，都应属于共有物业的一部分。

第二节 职务任命

执行专员及其他职务任命

第三条

（1）部长可委任任何人成为执行专员。

（2）根据部长的任何一般或特殊指令，执行专员须负责本法的实施、履行和行使本法或任何其他成文法赋予执行专员的其他职责和权力。

（3）执行专员可根据姓名或职务从下列人员中委任——

（a）公职人员；或

（b）就职于建设局的人员或根据部长为此目的批准的成文法而组成其他公共机关的人员，人数为执行专员认为协助其实施、执行本法或任何其他成文法条款所必需的数量。

（4）执行专员由本法或任何其他成文法律授予的任何权力和应履行的职责，可由根据第（3）款委任的任何官员行使或履行，但须服从执行专员的任何一般或特别指令。

（5）凡根据第（3）款委任的官员，均须接受执行专员的一般监督。

执行专员和其他官员均视为公务员

第四条

执行专员及根据第三条第（3）款委任的每名官员，均应视为《刑法》（第二百二十四章）所述的公务员。

第三节　建筑大楼的维护

对本节的解释

第四A条

在本节中，除非上下文另有要求，"建筑"包括临时建筑或结构。

本节的适用范围

第五条

（1）除非第一百三十四条另有规定，本节应适用于位于新加坡的任何建筑（分套或其他形式）及任何共有物业和限制性共有物业。

（2）除非第一百三十四条另有规定，本节亦适用于任何建筑的所有楼体外部，但不包括——

（a）不包含在任何分层地契计划内的任何独立式房屋、半独立式房屋、露台房屋或连栋房屋的楼体外部；且

（b）任何建筑底层的楼体外部。

执行专员可要求建筑业主等承担维修等义务

第六条

（1）如执行专员认为——

（a）任何建筑或任何共有物业或限制性共有物业（无论是否

第三节 建筑大楼的维护

为楼体外部），均未养护或维护于良好、修理后可使用或适当且清洁的状态下；或

（b）建筑的任一楼体外部未以安全固定在建筑上的方式及防止该楼体外部或其支持物坍塌的方式保养或维护；

执行专员可借书面通知，要求对建筑、楼体外部、共有物业或限制性共有物业（视情况而定）实施其认为适当的维修、工程或改动。

（2）根据第（1）款发出的通知应指明——

（a）将实施的维修、工程或改动；

（b）维修、工程或改动的开始时间；

（c）维修、工程或改动的完工时间；且

（d）维修、工程或改动应尽职完成，令执行专员满意。

（3）根据第（1）款发出的通知应是关于建筑或其任何楼体外部、任何共有物业或限制性共有物业的通知，并应告知——

（a）该建筑、共有物业或限制性共有物业（视情况而定）的业主或该楼体外部负责人；或

（b）如业主身份不明或经充分查询未能找到，则告知于每位建筑使用人或如属任何共有物业或限制性共有物业的情况，则告知——

（i）委托他人代其管理或将代其管理共有物业的一方；或

（ii）对限制性共有物业拥有排他性权益的人（视情况而定）。

（4）若依据第（1）款发布通知的遵守情况未令执行专员满意，执行专员可——

（a）实施或安排实施该通知指明的全部或任一维修、工程或改动；且

（b）向违约者追偿其在行使本条下的权力时产生的所有合理

费用。

（5）在不损害第（4）款规定的执行专员权力的原则下，任何根据第（1）款获送通知的人，如无合理辩解，未能遵守通知规定，即属违规行为。一经定罪，可处不超过5000美元的罚款。如继续违规，则可在定罪后持续违规期间，另加每日（含不足1日）不超过25美元的罚款。

费用追偿

第六A条

（1）执行专员根据第六条第（4）款第（a）项执行任何维修、工程或改动时产生或有关的一切费用，连同根据第（5）款累计的利息，可在维修、工程或改动完成之日向违约者追偿。

（2）自维修、工程或改动完成之日起，维修、工程或改动完成时的费用及应付累计利息，直至追偿完成，均为该处所及该处所内所有产权和权益的第一押记，针对该处所以及该处所内的所有产权和权益以及当时在处所内发现的所有动产或作物均可行使这一权利，无论在该日期后该处所的所有权或使用发生何种变化。

（3）执行专员可签署核证应付费用及有义务支付该费用人士的姓名，并可凭该证明将费用分摊予该等人士。

（4）证明的副本必须送达第（3）款所述的每一人，若没有找到该人士，但证明副本已张贴于执行专员办公室，另一份副本已贴于产生费用处所的显眼处，则该证明书视为已准时送达。

（5）根据第（4）款，自证明送达日期后一个月届满起，按9%年利率计算的利息可作为执行专员所产生费用的一部分予以追偿。

（6）声称由执行专员签署且根据第（3）款作出的证明书，其中述明应付给执行专员的追偿金额及有义务支付该款项的人，即为该证明所核证事实及执行专员在该证明上签署的初步证据。

（7）根据本条应付给执行专员的任何款项或其任何部分，如在根据第（4）款送达证明书日期起计1个月届满时仍未缴付，或在执行专员允许的较长期间届满时仍未缴付，则该笔款项须视为欠款。

建筑业主等交付押金

第七条

（1）在不影响第六条第（4）款规定的前提下，如根据第六条第（1）款所作通知的遵守情况未令执行专员满意，执行专员可指令收到通知的人交付专员认为实施通知中指定维修、工程及改动所需的押金，并且该款项须在执行专员规定的期间内（该指令送达起计不少于7天）缴存执行专员。

（2）根据第（1）款应付执行专员的任何押金都可作为欠政府的债务予以起诉。

（3）如根据第六条第（1）款所作通知中规定执行的维修、工程及改动已进行至令执行专员满意，执行专员可在扣除其产生的任何开支及费用后，退还押金或部分押金。

可就维修通知提出上诉

第八条

（1）所有根据第六条第（1）款收到通知的人，最晚在收到通知之日后第21天，按规定方式以书面形式就该通知向部长提出上诉。

（2）即使依照第（1）款有人提出上诉，除非部长另有指令，否则被上诉通知应生效并予以遵守。

（3）部长可通过确认、更改或取消执行专员根据第六条第（1）款作出的通知对依照本条提出的上诉作出判定。

（4）部长对依据本条提出的任何上诉所做决定须为最终判定。

楼体外部不安全问题

第九条

（1）任何负责建筑楼体外部的人，如无合理辩解，未通过保养或维护使楼体外部牢固地固定在建筑上及未防止该楼体外部或其支撑物部分或全部坍塌，即属违规行为，一经定罪，可处不超过10000美元的罚款，或不超过12个月的监禁，或两者兼施。

（2）在有关本条下违规行为的任何诉讼中，在缺乏相反证据的情况下，如有以下证明，应认定建筑楼体外部负责人未通过保养或维修使楼体外部牢固地固定在建筑上及未防止该楼体外部或其支撑物部分或全部坍塌——

（a）楼体外部或其部分已坍塌或倒塌；且

（b）存在非意外或自然行为（包括但不限于火灾、爆炸、风暴、冰雹、闪电、倒下的树木、飞机、车辆、洪水、地震或山崩）对楼体外部或其支撑物造成的损坏、磨损或其他塌毁。

（3）任何人如被控违反第（1）款，可为其辩护证明该楼体外部或其支撑物的任何部分或整体的缺陷是由负责人以外的人所提供的材料或开展的工程造成的。

（4）在不影响第（3）款的原则下，如有以下情况，那么根据第（1）款，楼体外部负责人并不存在该款规定的违规行为——

（a）该负责人在收到声称其违规的任何通知后最晚第7天，向执行专员以法定声明，提供与该违规行为有关的所有相关时间内，其委任对楼体外部进行管理和维修的承包商、物业公司或其他人的姓名及地址；且

（b）其向法庭保证，在进行充分咨询后（如情况表明需要咨询建议或服务），是真心诚意地信任承包商、物业公司或其他人员

就有关楼体外部提供或给予的专业、专家意见或其他服务。

（5）根据第（4）款作出的法定声明如在针对其中所述人的任何诉讼中出示并且涉及相关违规行为，那么该声明则为该人在与该违规行为有关的所有相关时间内负责和控制该楼体外部管理及维修的初步证据。

第四节　分层地契建筑

本节的适用范围及"销售"的含义

第十条

（1）本节仅适用于在 1976 年 4 月 15 日或以后获得规划许可的开发项目，该许可用于开发项目所含建筑落成后的分层。

（2）就本节及第五节而言，如有以下情况，业主开发商应被视为已出售其开发项目中的单位或待批单位——

（a）通过有条件的书面协议或其他协议（但并非第十三条所述协议），业主开发商已同意将其在该单位或待批单位的产权或权益，让与、转移、转让或以其他方式处置予他人，以作有效对价或其他考虑；或

（b）通过任何地契或文书（但并非第十三条所述地契或文书），业主开发商已将其在该单位或待批单位的产权或权益让与、转移、转让或以其他方式处置。

分层地契房屋须在《建筑分层单位附表》获得执行专员许可后方可出售

第十一条

（1）开发项目的业主开发商不得出售开发项目中具有分层地契份额的任何单位或待批单位，除非《建筑分层单位附表》或

《建筑分层单位附表修订版》（视情况而定）显示该单位或待批单位的分层地契份额已根据本条提交执行专员并获执行专员批准。

（2）【根据2019年2月1日正式生效的2017年第35号法删除】

（3）每份《建筑分层单位附表》和《建筑分层单位附表修订版》应以规定的格式及方式提交执行专员，并附上规定的费用。

（4）【根据2019年2月1日正式生效的2017年第35号法删除】

（5）执行专员可批准根据本条提交的《建筑分层单位附表》，或根据第十二条提交的《建筑分层单位附表修订版》，当且仅当其确信《建筑分层单位附表》或《建筑分层单位附表修订版》（视情况而定）中分配给所有单位或待批单位的建议分层地契份额或建议分层地契份额范围是以公正和公平的方式分配的。

（6）【根据2019年2月1日正式生效的2017年第35号法删除】

（7）在任一开发项目的《建筑分层单位附表》或《建筑分层单位附表修订版》提交执行专员后的六个星期内，执行专员应——

（a）以书面形式通知相关业主开发商已批准该附表；或

（b）通知相关业主开发商未批准该附表并说明反对其中分层地契份额分配的理由。

（8）开发项目中任何单位或待批单位的每份销售合同执行前，应被视为包含以下条款，即该开发项目的业主开发商已同意售卖该土地的未分割份额，该土地上落成或即将落成的单位或待批单位的价值依据最近一次由执行专员批准的开发项目《建筑分层单位附表》或《建筑分层单位附表修订版》（视情况而定）中拟分配给每个单位或待批单位的分层地契份额确定。

分层地契房屋《建筑分层单位附表》一旦获批不得更改

第十二条

（1）如开发项目的《建筑分层单位附表》根据第十一条上交执行专员并获得批准，开发项目的业主开发商不得对《建筑分层单位附表》中的任何分层地契份额、开发项目中任何单位或待批单位的面积以及共有物业或限制性共有物业（如有）中的任何部分作出任何更改，除非该业主开发商已向执行专员提交《建筑分层单位附表修订版》并获批。

（2）【根据 2019 年 2 月 1 日正式生效的 2017 年第 35 号法删除】

（3）第（1）款也适用于以下情况，如开发项目的业主开发商——

（a）拟变更未出售的开发项目内任何单位或待批单位的面积，且此变更不会造成开发项目总分层地契份额改变；

（b）拟对已出售的开发项目内任何单位或待批单位所分配的分层地契份额略作调整，而该调整是在该单位或待批单位完成且测量后，因该单位或待批单位的面积增加或不足而必须进行的；或

（c）在该单位或待批单位买方的同意下，拟以其他方式对开发项目内任何单位或待批单位所分配的分层地契份额作出变更。

（4）在不影响第（1）款及第（3）款的情况下，如开发项目的《建筑分层单位附表》已根据第十一条提交给执行专员并获批，该《建筑分层单位附表》中开发项目的任何单位或待批单位所分配的分层地契份额可在单位或待批单位出售后进行变更，但仅限以下情况——

（a）已获得该单位或待批单位买方同意，除非对该分层地契份额的变更是在该单位或待批单位完成且测量后，因该单位或待批单位的面积增加或不足而必须作出的微小调整；

（b）通过下列任何决议之后——

（i）根据第三十四条第（1）款代表单位业主转让《地契（分层）法》（第一百五十八章）第二十三条规定的共有物业的任何部分的90%决议；

（ii）根据第三十四条第（3）款增设共有物业的特别决议；

（iii）根据第三十四条第（5）款合并两个或更多管理法团共有物业的各项特别决议；或

（c）与根据《地契（分层）法》第十二条重新开发项目分层地契申请的登记有关。

（5）针对第（4）款所述情况下进行的开发项目，执行专员可批准为更改该项目《建筑分层单位附表》而提交的《建筑分层单位附表修订版》，但当且仅当执行专员确信拟分配给这一受影响的单位或多个单位的分层地契份额是以公平公正的方式分配的。

第十一条禁令之外的情况

第十三条

（1）第十一条第（1）款不应适用于——

（a）对未超过21年且无法续签或购买的租赁权益进行让与、转移、转让或以其他方式处置的任何协议、地契或文书；且

（b）土地集体销售合同下的买方与该集体销售合同的其他方之间的任何协议，这一协议可使买方在合法完成土地集体销售之前，对土地重新开发项目中将包含的任何待批单位进行处置。

（2）第（1）款第（b）项中"集体销售合同"指的是——

（a）《地契（分层）法》（第一百五十八章）第八十四 A 条、

第八十四 D 条、第八十四 E 条、第八十四 F 条、第八十四 FA 条或第八十四 FB 条所述的任何销售和购买协议。

（b）开发项目中所有单位的业主同意将所有单位出售给买方的任何销售和购买协议；或

（c）任何土地所有人同意单独将土地或与任何邻近土地的所有人一并将土地出售给买方的任何销售和购买协议。

违规行为

第十四条

任何人如违反第十一条第（1）款或第十二条第（1）款的规定，即属违规，一经定罪，可处不超过 1 万美元的罚款，或不超过 12 个月的监禁，或两者兼施。

第五节　分层地契房屋管理

第一部分　未成立管理法团之前应由业主开发商管理

本部分的适用范围

第十五条

(1) 根据第(2)款和第一百三十四条，本部分仅适用于任何符合以下情况的土地开发项目——

(a) 建筑完成之后，授予规划许可（在本部分开始生效之前、当日或之后）进行分层划分；且

(b) 该土地上已经或即将建造四个以上的单位或待批单位。

(2) 若该开发项目的两个或更多单位或待批单位出售给多个买方，本部分则适用于第(1)款所述开发项目。

由开发商设立维修基金

第十六条

(1) 本部分所适用的开发项目业主开发商应在下列日期开始或之后的任何时间，根据本条设立一个或多个维修基金：

(a) 该开发项目任一单位或待批单位的第一份临时使用许可

颁发的日期；或

（b）本部分适用于该开发项目时的后续日期，以日期较后者为准。

（2）每个此类开发项目的业主开发商应设立一个一般维修基金，该基金仅用于以下目的：

（a）支付一般维修基金设立时或设立之后在提供以下服务时所产生的费用——

（i）共有物业的清洁服务；

（ii）为该开发项目的单位或待批单位使用人提供的安全服务和便利设施；且

（iii）为使共有物业保持良好状态必需的其他服务；

（b）维护、修理和更换该开发项目中的公共设施（设备）（包括直梯），而非安装在已出售或有意出售给买方的单位或待批单位中的公共设施（设备）；

（c）维护、修理及更换在享用该开发项目的两个或更多单位或待批单位或共有物业的同时所使用或可供使用的下水道、管道、电线、电缆及输送管道；

（d）为保证该开发项目免受火灾和其他风险的损害支付的任何保费；

（e）支付租金和费率（如有）；

（f）为维修基金审计支付的任何费用；

（fa）支付根据第三十一 M 条需缴纳的任何连接费用，以及根据《环境公共卫生法》（第九十五章）第三十一 N 条需缴纳的任何关税；

（g）支付为管理该开发项目维修基金和共有物业产生的所有合理费用。

（3）若任何此类开发项目包含任何限制性共有物业，业主开发商还应增设一个独立的特别维修基金，该基金仅用于以下目的：

（a）支付特别维修基金设立时或设立之后在提供以下服务时所产生的费用——

（i）限制性共有物业的清洁服务；

（ii）为该开发项目单位或待批单位的使用人提供的安全服务及便利设施，其进入占有根据与业主开发商订立的销售和购买协议所指定限制性共有物业的排他性权益；且

（iii）为使共有物业保持良好状态必需的其他服务；

（b）维护、修理和更换限制性共有物业内该开发项目的公共设施（设备）（包括直梯），而非安装在已出售或有意出售给买方的单位或待批单位中的公共设施（设备）；

（c）维护、修理及更换在享用以下设施的同时所使用或可供使用的下水道、管道、电线、电缆及输送管道：

（i）该限制性共有物业；或

（ii）该开发项目中的两个或更多单位或待批单位，其进入占有根据与业主开发商订立的销售和购买协议所指定限制性共有物业的排他性权益；

（d）支付与限制性共有物业相关的租金和费率（如有）；

（e）为特别维修基金审计支付的任何费用；且

（f）支付为管理该开发项目特别维修基金和限制性共有物业产生的所有合理费用。

（4）任何业主开发商如违反第（1）款规定，即属违规，一经定罪，可处罚款不超过1万美元。如继续违规，则可在定罪后持续违规期间，另加每日（含不足1日）不超过100美元的罚款。

业主开发商在维修基金方面的职责

第十七条

（1）除第（2）款另有规定外，业主开发商应——

（a）就该开发项目中已售出的每个单位或待批单位——

（i）向相关维修基金缴存等同于买方在该等维修费用到期应付的维修费用的金额；且

（ii）从维修费用到期应付之日起向该开发项目中每个单位或待批单位的买方收取所有维修费用，并将所有此类维修费用缴存到根据第十六条设立的相关维修基金中；

（b）就该开发项目中每个未售出的单位或待批单位而言，自相关维修基金根据第十六条成立之日起，向相关维修基金缴存等同于该单位或待批单位（如已售）买方应付维修费用的金额；且

（c）自相关维修基金根据第十六条成立之日起，将该开发项目的共有物业及限制性共有物业（如有）所得的所有收入缴存到该开发项目的相关维修基金。

（2）尽管第（1）款已有规定，业主开发商仍有权为第（1）款第（a）项第（i）目所述开发项目中的单位或待批单位向相关维修基金缴存所有维修费用，自下列日期的较晚日期开始生效——

（a）该开发项目任一单位或待批单位的第一份临时使用许可颁发之日四周后；或

（b）根据第十六条为该开发项目设立相关维修基金的日期。

（3）开发项目任一维修基金的所有款项应在信任的基础上由该开发项目业主开发商持有——

（a）如属根据第十六条第（2）款设立的一般维修基金，则由该开发项目单位或待批单位的所有买方委托；且

（b）如属根据第十六条第（3）款为任何限制性共有物业成立

的特别维修基金，则由开发项目中该类单位或待批单位的所有买方委托，这些买方享有其与业主开发商订立的销售和购买协议指定的限制性共有物业排他性权益。

（4）根据第十六条设立的任何维修基金中的款项，只能存放在根据《银行法》（第十九章）规定持有牌照的银行，且不得用于投资。

（5）开发项目的业主开发商应——

（a）就根据第十六条为该开发项目设立的每个维修基金所收取及支出的款项，保存妥善的账簿，并列明有关该等收支的事项；

（b）委任一名审计员每年审计每个此类维修基金；

（c）该开发项目的管理法团成立后4个月内对每个此类维修基金账目进行审计；

（d）于不迟于每个此类维修基金的账目经审计后的第28天，向执行专员提交核证后的经审账目副本；

（e）允许执行专员或其授权代其行事的任何人在任何合理时间内充分自由地查看每个维修基金的账目和其他记录，并允许执行专员或其授权人员复制或摘录该等账目或其他记录；且

（f）按执行专员所规定的时间间隔向执行专员提供每个维修基金核证后的经审账目副本。

（6）在不损害第（5）款的原则下，开发项目的业主开发商应——

（a）在不迟于每个此类维修基金的账目经审计后的第28天，于两周内提供此类账目，以供该开发项目任何单位或待批单位的任何买方或其代理人检查，且业主开发商无须支付任何费用；且

（b）在其他任何时间，允许该开发项目任何单位或待批单位的买方或其代理人在双方商定的时间和地点，缴纳规定费用后检

查任何此类维修基金的账目和其他记录，并允许进行复制或摘录。

（7）开发项目的业主开发商应以执行专员要求的形式保存一份登记册（在本法中称为买方登记册），其中含有以下有关该开发项目单位或待批单位的详情：

（a）根据第十一条向执行专员提交的《建筑分层单位附表》或《建筑分层单位附表修订版》（视情况而定）分配或将要分配给每个单位或待批单位的分层地契份额；

（b）每个单位或待批单位的楼面面积；

（c）若该开发项目包含限制性共有物业，单位或待批单位进入占有已指定限制性共有物业的排他性权益；

（d）每个单位或待批单位买方的姓名、地址及其他身份证明事项，以及通知可送达买方的新加坡地址（如买方并非新加坡居民）；且

（e）在每个单位或待批单位的销售与购买过程中，该单位或待批单位（视情况而定）买方的代表律师的姓名及地址。

（8）开发项目的业主开发商须在不迟于执行专员提出要求后的第十四天，向执行专员提交该开发项目的买方登记册的真实副本。

（9）根据第（2）款、第（4）款或第（5）款，任何业主开发商如违反第（1）款，即属违规，一经定罪，可处罚款不超过1万美元。如继续违规，则可在定罪后持续违规期间，另加每日（含不足1日）不超过100美元的罚款。

（10）任何业主开发商如违反第（6）款、第（7）款或第（8）款规定，即属违规，一经定罪，可处罚款不超过2000美元。如继续违规，则可在定罪后持续违规期间，另加每日（含不足1日）不超过100美元的罚款。

未经执行专员批准，不得收取维修费用

第十八条

（1）除非事先经执行专员书面批准，否则开发项目的业主开发商不得向该开发项目包含的任何单位或待批单位的买方收取管理及维修该开发项目或该开发项目所包含的任何共有物业或限制性共有物业的任何费用。

（2）任何业主开发商如违反第（1）款的规定，即属违规。

（3）为免生疑问，本条不得阻止任何管理法团或次级管理法团根据本节收取物业费。

执行专员可为开发项目委任物业公司

第十九条

（1）经执行专员或其委任的人充分调查后，如执行专员确信业主开发商对开发项目或其中部分的管理及维护令人不满意，则执行专员可凭《政府公报》刊登的指示，委任一人或多人作为物业公司进行管理和维护——

（a）若该开发项目不含限制性共有物业，则管理和维护该开发项目；或

（b）若该开发项目含限制性共有物业，则管理和维护该开发项目的共有物业或限制性共有物业或两者皆包括。

（2）由执行专员根据第（1）款委任的物业公司，有权获得执行专员确定的酬金或费用，而该等酬金或费用应——

（a）若该物业公司是为第（1）款第（a）项中的开发项目所委任的，或是为第（1）款第（b）项中开发项目的共有物业所委任的，则向第十六条第（2）款所述的一般维修基金收取；

（b）若该物业公司是为第（1）款第（b）项中的限制性共有物业所委任的，则向第十六条第（3）款所述的特别维修基金

收取；

（3）执行专员不得根据本条行使其权力，除非最少提前十四天向有关业主开发商作出书面通知，明确说明有意根据第（1）款委任物业公司，并仔细考虑业主开发商在不迟于通知送达之日起第十四天提出的陈述（如有）。

（4）任何业主开发商如对执行专员根据第（1）款就其开发项目作出的指示不服，可在不迟于《政府公报》刊登该指示后第二十一天的任何时间，以书面形式向部长提出上诉。

（5）尽管已根据第（4）款对执行专员依照第（1）款作出的指示提出上诉，但该指示仍然有效，除非部长另有指令。

（6）部长可对根据本条对申述作出判定、确认、更改或取消执行专员依据第（1）款作出的指示。

（7）部长就根据第（4）款提出的任何上诉作出的判定均为最终决定。

（8）执行专员可随时撤销根据第（1）款对任何开发项目作出的任何委任，并可委任另一人作为该开发项目的物业代理。

物业公司的权力和职责

第二十条

（1）如执行专员根据第二十条第（1）款委任物业公司，则该物业公司有权管理该开发项目相关维修基金的款项，但无权将该款项用于投资。

（2）一旦根据第十九条第（1）款委任开发项目的物业公司，除该物业公司授权外，任何人不得从该开发项目的相关维修基金中支出任何款项。

（3）在执行专员的总控制和指示下，根据第十九条第（1）款委任的物业公司享有业主开发商在管理及维修共有物业或（视情况而定）限制性共有物业方面的所有权力，并履行相关职责。

（4）在不违背第（3）款主要内容的情况下，根据第十九条第（1）款，由执行专员委任的开发项目物业公司有以下权力——

（a）管理该开发项目的相关维修基金；

（b）以业主开发商的名义向该开发项目的单位或待批单位的买方发出书面通知，要求其缴付应缴维修费用；

（c）收取该开发项目的单位或待批单位的买方须向业主开发商缴付的所有费用，以维修该共有物业或（视情况而定）该项目的限制性共有物业，并有效履行责任；

（d）就未售出和已发出临时占有许可证的单位或待批单位，收取由业主开发商应付的所有相关维修基金费用；

（e）以业主开发商名义提起诉讼，追偿该开发项目单位或待批单位的买家应付维修费用；且

（f）以个人名义提起诉讼，向业主开发商或其他人追偿维修基金相关款项。

（5）执行专员委任的物业公司有责任将其作为该开发项目的物业公司尽其所能收到的所有款项纳入该开发项目的有关维修基金。

（6）在受到执行专员委任后，物业公司须在任命2个月内尽快拟备并向执行专员呈交一份陈述书，列明在该物业公司委任之日时——

（a）该开发项目每项维修基金的款额；

（b）作为维修该开发项目的共用物业及任何限制性共有物业（如有）的单位或待批单位买家须缴付及欠付的款项；

（c）用于缴付有关维修基金该开发项目的共用物业及限制性共有物业（如有）的任何收入；且

（d）任何根据第十六条第（2）款或第（3）款（视情况而定）应由相关维修基金支付却未支付而产生的维修开支。

（7）任何执行专员委任的开发项目物业公司，须以执行专员批准的方式，就银行、财务公司或保险公司所给出的订明款额向执行专员提交保证金，否则不得代理物业管理。这一保证金可以约束该银行、财务公司或保险公司赔偿物业公司未能就其收取或持有的款项向购买开发项目的买家作出适当交代而造成的损失。

（8）物业公司如违反第（5）款或第（6）款，即属违规行为，一经确认，最高可处5000美元罚款。

业主开发商应继续履行维修义务

第二十一条

根据第十九条第（1）款，委任任何管理开发项目维修基金的物业公司不意味着可免除业主开发商根据本法或任何其他法律对购买人应履行的任何义务——

（a）向该开发项目的单位或待批单位的买家提供资助，以修葺其共有物业和限制性共有物业（如有），或补修该开发项目的共有物业或限制性共有物业的任何瑕疵（视情况而定）；

（b）开展维修及各类其他工作，以确保开发项目是按照建筑控制专员根据《建筑控制法》（第二十九章）批准的规格和计划建造的。

（c）在开发项目的法定竣工证书签发之前，开展维修及各类其他工作，以符合任何有关当局的规定。

买方未支付维修费用

第二十二条

（1）如买方根据买卖合约需就某开发项目的单位或待批单位支付任何费用以维持该项目的共有物业或限制性共有物业（视情

况而定），但在业主开发商提交书面要求后 28 天期限届满时仍未支付任何费用，那么尚欠的费用及任何累计利息就构成拖欠业主开发商的债务，可由业主开发商追偿——

（a）在任何具有管辖权的法院进行；或

（b）在小额钱债审裁处进行，视有关收费及利息为根据提供服务的合约所支付的款项。

（2）就本条而言，业主开发商向买方发出的书面要求，如以挂号邮递寄往买方最后登记的地址，即视作已送达该单位或待批单位的买方（不论买方实际是否收到）。

（3）如执行专员根据第十九条第（1）款委任物业公司管理及维持开发项目，该物业公司发出的通知，须视作已由该开发项目的业主开发商发出。

业主开发商设立管理法团的职责

第二十三条

（1）任何开发项目成立管理法团时，该项目的业主开发商应——

（a）立即以该管理法团的名义开设一个银行账户，并根据第十六条第（2）款为该开发项目的分层地契建筑及其共有物业的维修设立一般维修基金，并将全部款项存入该账户；

（b）拟备足用以解释管理法团交易和财务状况的账目和其他记录，以便能够编制自管理法团组建之日起至首次年度业主大会前不少于 4 个月期间内的、真实公平的损益表、资产负债表和须附上的任何文件。

（c）妥善保存第（b）项所提述的记录，以便审核。

（2）业主开发商为任何开发项目组建次级管理法团时，业主发展商还应——

（a）立即以次级管理法团的名义开设一个银行账户，并根据第十六条第（3）款为该开发项目限制性共有物业的维护而设立特别维修基金，并将费用全部存入该账户；

（b）拟备足以解释次级管理法团的交易和财务状况的账目和其他记录，以便能够编制自次级管理法团组建之日至首次年度业主大会前不少于4个月期间内的、真实公平的损益账目和资产负债表以及所需附上的任何文件。

（c）安排妥善保存第（b）款所提述的记录，以便审核。

（3）开发项目的业主开发商须对以下方面行使职权，履行责任，包括——

（a）管理法团理事会；且

（b）开发项目包括任何限制性共有物业，次级管理法团执行委员会行使职权期限为管理法团或（视情况而定）次级管理法团成立之日至在首次年度业主大会上选出管理法团理事会或次级管理法团执行委员会止。

（4）在管理法团或次级管理法团（视情况而定）的首次年度业主大会召开后一周内，业主开发商须——

（a）将管理法团或（视情况而定）次级管理法团（视情况而定）的资金控制权移交新选出的理事会或执行委员会；

（b）并将业主开发商为行使理事会或执行委员会的权力和履行其职责而拥有的所有钥匙和其他出入方式，视情况移交至新选出的理事会或执行委员会。

（5）在根据第（4）款第（a）项移交控制权之后的两年内，业主开发商应——

（a）保存所有与管理法团及次级管理法团（如有）在移交控制权之前的所有财务记录；

（b）应管理法团或次级管理法团的请求，允许管理法团或次级管理法团免费查阅第（a）项所述的任何记录（视情况而定）；

（c）允许管理法团或次级管理法团（视情况而定）自费复印或审核这些记录。

（6）在管理法团首次年度业主大会召开之前，业主开发商应为管理法团指定审计师，任何指定的审计师均应任职至管理法团首次年度业主大会结束。

（7）在次级管理法团成立后的首次年度业主大会召开之前（综合决议除外），业主开发商应任命该次级管理法团的审计师，任何指定的审计师均应任职至次级管理法团首次年度业主大会结束为止。

第二部分　管理法团及共有物业

管理法团的设立

第二十四条

（1）根据《地契（分层）法》（第一百五十八章）且就该分层地契计划而言，管理法团应——

（a）包含该分层地契计划内所有单位的单位业主；

（b）为能够起诉和被起诉，可以永久延续并拥有公章的法人团体；

（c）称为"管理法团——分层地契计划编号"（分层地契计划规定的编号）。

（2）针对分层地契计划，管理法团可以——

（a）就其订立的任何合同提起诉讼及应诉；

（b）就任何影响共有物业的事宜提起诉讼及应诉；

（c）就管理法团因合同或其他事宜遭受的任何损失或损毁提起诉讼；

（d）就与单位业主共同负责的地块有关的任何事宜提起诉讼。

（3）依据分层地契计划设立的管理法团，应具有本法或依据本法或有关地块的细则授予或规定的权力、职责和职能，并在本法的规定下，拥有该分层地契计划内的共有物业的控制、管理和行政权力。

（4）本条的任何规定均不得解释为禁止依据分层地契计划组成的管理法团在其正式名称中加入分层地契计划内的任何分层地契建筑的名称。

（5）在本条中，"单位业主"包括根据《地契（分层）法》（第一百五十八章）第七十八条或第八十一条终止分层划分计划、建造分层地契建筑的土地拥有人。

管理法团公章

第二十五条

（1）管理法团公章应——

（a）由一名单位业主组成的管理法团或者由该单位业主保存；如管理法团由一名单位业主组成，则应由该单位业主保管；或

（b）如管理法团由两名或两名以上单位业主组成，由管理法团认定的单位业主或理事会成员保管，如未认定，由理事会秘书保管。

（2）管理法团公章只应在满足下列情况下加盖在文书或文件上——

（a）如管理法团由一名或两名单位业主组成（视情况而定），则该名或该两名单位业主均需在场；

（b）如管理法团由两名或两名以上单位业主组成，则需管理法团认定的单位业主或理事会成员在场，如未认定，秘书和理事会的任何其他成员也可以签署加盖公章的文书或文件。

管理法团首次年度业主大会

第二十六条

（1）分层地契计划内地块的任何开发项目的业主开发商（不论其是否也是单位业主）须于下列日期之前，举行就该分层地契计划而设立的管理法团首次年度业主大会：

（a）管理法团成立初期结束后一个月内；

（b）或业主开发商收到至少占该分层地契计划所包括单位总数10%的单位业主书面要求举行首次年度业主大会八周内。

（2）除第（8）款另有规定，首次年度业主大会的主席须为业主开发商本人或业主开发商的负责人。

（3）任何开发项目的分层地契计划管理法团首次年度业主大会的议程应包括以下内容：

（a）按照第五十三条的规定，如有3名以上单位业主，选举理事会；

（b）决定为维修基金和累积基金筹集的款额；

（c）决定开发项目的业主开发商所提供的保险是否应予更改或延长；

（d）决定只能由管理法团在大会上决定的事宜；

（e）如管理法团有此意愿，即可委任物业公司，并决定转授其权力、职责或职能；

（f）在适当情况下接收、采纳管理法团自成立之日起至首次年度业主大会前不少于4个月期间内的审计年度账目。

（4）在任何开发项目分层地契计划的管理法团首次年度业主

大会结束后或召开后2周内，开发项目的业主开发商应——

（a）在大会举行前将下列文件的副本送交管理法团：

（i）所有根据《建筑控制法》（第二十九章）向建筑控制专员提交的计划（包括对这些计划的修订），必须取得该开发项目所有建筑物的临时居住许可和法定竣工证书（如适用）；

（ii）业主开发商所有的任何竣工图，如业主开发商认为下水道、电线、电缆、槽沟、输送管道或其他设施的位置不是根据《建筑控制法》向建筑控制专员提交的计划或修订计划图则所示的位置，则尽可能明示任何用于系统或服务的下水道、电线、电缆、槽沟、输送管道或其他设施的实际位置；

（iii）由管理法团或代表管理法团签订的所有合同；

（iv）分层地契计划的副本；

（v）在建造期间向开发项目提供劳工或物料的承建商、分包商和其他人的姓名和地址；

（vi）所有关于任何共有物业或限制性共有物业的建造、安装、操作、保养和维修的保证书、手册、示意图、操作说明书、服务指南、制造商文件及其他类似资料，包括第（v）目所述的任何人向业主开发商提供的任何保证资料；

（vii）管理法团根据本法须拟备或保留的所有记录；

（viii）与已纳入开发项目的预制浴室单元（如有）相关的制造商手册；且

（ix）规定的任何其他记录；且

（b）将年度预算提交会议批准，自首次年度业主大会举行日期后的第一个月的第一天起计，为期12个月。

（5）如业主开发商违反第（4）款第（a）项，且管理法团须向相关人员支付款项以取得该条文涉及的文件，所付款项应视为业主开发商欠管理法团的债项。

（6）如业主开发商未按第（1）款的规定举行首次年度业主大会，则开发项目所包括的任何单位的任何单位业主或该单位的管有抵押权人可向执行专员申请委任一人为该开发项目召开管理法团的首次年度业主大会。

（7）执行专员在收到根据第（6）款提出的申请后，依据指令——

（a）委任一人在该指令所指明的时间及地点召开开发项目管理法团的首次年度业主大会；且

（b）包括执行专员认为适合的附加指示或相应指示，以便举行会议，且由此人召集的任何该等会议，均为管理法团的首次年度业主大会。

（8）如根据第（7）款作出的指令——

（a）根据该指令委任召开会议的人须主持会议，并应在主持会议时，担任管理法团主席；且

（b）可按指令指定的方式发布会议通知。

（9）任何业主开发商如无合理理由未能遵守第（1）款的规定，即属违规行为，一经确认，最高可处罚款5000美元，如继续违规，则可在违规行为持续期间，每日或不足每日的情况下，最多罚款100美元。

（10）开发项目的业主开发商为该开发项目成立次级管理法团，本条亦适用于该限制性共有物业的业主开发商——

（a）如本条提述的管理法团包括提述的次级管理法团；

（b）如本条提述分层地契计划所包括的单位内的单位业主，其中包括提述单位的单位业主，其有关限制性共有物业的排他性受益由该分层地契计划指定；且

(c) 如本条提述的管理法团理事会包括提述的该次级管理法团的执行委员会，除管理法团和次级管理法团之间的差异所规定的例外情况外，还应作出调整和修改。

（11）在本条中——

"授权"，就制造设施或制造方法而言，是指制造设施或制造方法由建设局发布的《易建性规范》所指明的机构授权；

"建筑工程"与《建筑控制法》第二条第（1）款中的含义相同；

"预制浴室单元"是指浴室单元（包括完整的墙面和地板）——

(a) 建造及组装；或

(b) 制造及组装，

在任何授权的制造设施中，依照任何授权的制造方法，然后安装在建筑工程的建筑内；

"负责人"——

(a) 对于委员会或有限责任合伙企业的业主开发商而言，是指——

(i) 委员会的任何董事，合伙人，行政长官或雇员；或

(ii) 在事务由其成员管理的委员会，指任何成员，如该成员为该委员会的董事，或该委员会的任何雇员；

(b) 对于作为合伙企业的业主开发商，是指合伙企业的任何合伙人，或合伙企业的任何雇员；或

(c) 对于非委员会协会（合伙除外）的业主开发商而言，是指——

(i) 非委员会协会的主席、秘书或任何非委员会协会成员；

(ii) 任何与非委员会协会的主席、秘书或非委员会协会成员

类似职位的人；或

（ⅲ）非委员会协会的任何雇员。

管理法团会议（不含首次年度业主大会）

第二十七条

（1）首次年度业主大会召开后，管理法团的年度全体大会应在每年举行，并在上一次年度全体大会召开后不超过 15 个月举行。

（2）非年度全体大会的管理法团会议，应由理事会随时召集举行，为临时全体大会。

（3）除第二十六条另有规定外，《附表1》适用于管理法团的任何会议及该会议上作出的表决。

（4）如在管理法团举行年度全体大会后——

（a）不再举行根据第（1）款所规定的管理法团年度全体大会；或

（b）管理法团下一次年度全体大会在第（1）款所限定的时间之后举行，则管理法团的主席和秘书均构成违规行为。

（5）凡任何人被控违反第（4）款规定，如证明其已采取一切合理步骤并已尽一切应尽努力，以确保本条获遵从，即可将此作为免责辩护。

管理法团地址

第二十八条

（1）每个管理法团须——

（a）确保现时送达通知的地址已提交给地契注册局注册官，并将其展示在共有物业显眼处的公告栏上；且

（b）在该地块的街道或其附近建造并维护一个适合收取邮件和其他文件的信箱，在信箱上清楚地标注管理法团的名称。

（2）管理法团可决定更改提交给地契注册局的送达通知地址。

（3）如管理法团根据第（2）款决定更改其送达通知地址，管理法团须——

（a）在不迟于作出决定后的第7日，通知地契注册局和执行专员该项变更；

（b）申请对提交给地契注册局的地址及其他有关纪录作出相应更改；且

（c）在不迟于作出决定后的第7日，向每名单位业主送达有关更改的书面通知。

（4）任何管理法团违反第（3）款第（a）项或第（c）项的规定，即属违规行为。

管理法团在物业方面的权力与职责

第二十九条

（1）除第（3）款另有规定外，管理法团应承担以下职责——

（a）为维护组成管理法团的所有单位业主的利益，控制、经营及管理共有物业；

（b）对以下部分进行妥善维护并保持在良好、可维修的状态（包括在合理需要时更新或更换其全部或部分）——

（i）共有物业；

（ii）【根据2019年2月1日正式生效的2017年第35号法删除】

（iii）【根据2019年2月1日正式生效的2017年第35号法删除】

（iv）每一扇门、窗和位于墙上开口处的其他永久性附着物（这些门、窗和附着物的一侧必须是共有物业的一部分）；

（v）归属管理法团的任何动产；

（c）根据本法办理保险；

（d）在特别决议的指示下，为改善或巩固共有物业而进行以下所有或任何一项：

（i）为共有物业安装、移除、更换或添加任何设施；

（ii）更改共有物业的用途；

（iii）为共有物业安装、移除、更换或添加结构物；

（e）遵从任何有关当局或公共当局发出的关于减少对共有物业的滋扰的任何通知或指令，或关于对分层地契建筑或共有物业进行修理或开展其他工作的任何通知或指令；

（f）支付用于建造分层地契建筑的土地租金（如有）；

（g）对根据本法或任何其他成文法律向管理法团发出的通知，或对法院、委员会或其他法庭作出的并向管理法团送达的任何指令，应保存适当的记录；且

（h）按照《附表1》召开年度全体大会。

（2）除第（3）款另有规定外，管理法团可——

（a）根据当事各方可能商定的条款和条件（包括支付价款的条件）与单位的单位业主或使用人订立合约，由管理法团向该单位或其单位业主或使用人提供便利设施或服务；且

（b）为履行本节所规定的职责及执行规约而做一切合理所需的事情。

（3）尽管有第（1）款及第（2）款的规定，但在符合第（4）款的规定下，如分层地契计划包括共有物业及任何限制性共有物业，则在限制性共有物业成立时，成立的管理法团须——

（a）分别履行和行使第（1）款及第（2）款所述的职责及权力，但仅限于非限制性共有物业的共有物业；且

（b）对于成立的限制性共有物业，停止履行该等职责并停止

行使该等权力。

（4）尽管本法有其他任何规定，但为分层地契计划所含共有物业而组建的管理法团，可根据其次级管理法团就限制性共有物业与管理法团商定的条款和条件，管理和维护该分层地契计划内的任何限制性共有物业。

管理法团开展工作的权力

第三十条

（1）公共当局已向单位的单位业主送达通知，要求单位业主在该单位开展工作或开展与该单位有关的工作，如单位业主未遵守通知，则管理法团可以开展工作。

（2）如单位的单位业主、管有抵押权人、承租人或使用人无法完成或因疏忽未能完成任何工作——

（a）由其根据第三十三条所提述的条款或条件等规约或根据第三十七4A条发出的通知要求开展的工作；

（b）有必要对违反第六十三条第（a）项规定的义务的行为进行的补救；

（c）修补单位内任何水管或污水管的任何缺陷或单位内墙壁或地板的任何裂缝；或

（d）有必要纠正其违反第三十七条第（1）款或第（3）款的行为，

则管理法团可以开展此项工作。

（3）管理法团根据第（1）款或第（2）款对单位或共有物业或与其相关的方面开展任何工作时，可将开展工作的费用作为债务，对下述人予以追偿——

（a）第（1）款或第（2）款所述的附属所有人、管有承按人、承租人或使用人；或

（b）开展工作时——

（i）根据第（1）款或第（2）款第（b）项或第（c）项，在对单位或与单位相关的方面开展工作后，成为该单位的单位业主的任何人；或

（ii）根据第（2）款第（a）项开展工作后，成为与第（2）款第（a）项所述规约有关的或与根据第三十七4A条发出通知有关的单位的单位业主中的任何人。

（4）若分层地契委员会作出的指令（包括临时指令）未获遵从，管理法团可开展该指令所指明的任何工作，并通过管辖法院向该指令所针对的人以债务形式追偿开展工作的费用。

（5）若——

（a）组成某一单位的建筑物的任何部分含有任何结构性缺陷，影响或可能影响该单位为该建筑物或共有物业内的另一单位提供支撑物或遮蔽物；或

（b）第六十三条第（a）项第（ii）目所述的单位内任何管道、电线、电缆或输送管道出现任何缺陷，

且该缺陷并非由于违反第六十三条第（a）项对任何人所规定的职责所致，则管理法团应进行必要的工作以修补缺陷，并可通过任何管辖法院将开展工作的费用作为债务，向有责任修补缺陷的任何人进行追偿。

（6）若——

（a）管理法团产生任何开支，或者根据本节或任何其他成文法律要求或授权进行任何维修、作业或行动（不论这些开支或维修、作业或行动是否由政府或任何法定机关发出的任何通知或指令的送达所引致）；且

（b）由于任何人或其房客、承租人、被许可人或被邀请人的

任何故意或疏忽的行为，或由于违反规约中任何条文而导致了必要的支出或维修、作业或行动所产生的费用，

则这些费用是可追偿的，并应通过任何管辖法院将进行维修、作业或行动时所花费的金额作为债务，向其进行追偿。

管理法团进入权

第三十一条

（1）为了开展——

（a）根据第三十条第（1）款、第（2）款、第（4）款或第（5）款的任何工作；

（b）要求管理法团开展的任何工作——

（i）由公共当局发出通知并送达；或

（ii）由分层地契委员会发出指令（包括临时指令）；

（c）第二十九条第（1）款第（b）项或第（d）项所述的任何工作；或

（d）维修或更新第六十三条第（a）款第（ii）目所提述的任何管道、电线、电缆或输送管道所需的任何工作，

管理法团可由其代理、雇员或承包商进入该地块的任何部分，以便在以下情况下开展工作——

（i）在紧急情况下，在任何时候进入；或

（ii）在任何其他情况下，从通知发给该地块的一部分的任何占用者起的任何合理时间内进入。

（2）任何人在阻碍或妨碍管理法团行使本条规定的任何权力，即属违规行为。

共有物业规约

第三十二条

（1）组成分层地契计划的每个地块均受规约管制。

（2）根据《附表4》的规定，根据准则制定的规约适用于在2005年4月1日或之后成立的管理法团的分层地契计划所含的每个地块，并且根据本条或第三十三条订立的规约，不得与法律规定的任何规约相抵触。

（3）除第三十三条另有规定，管理法团可根据特别决议制定规约，或修订、增补或废除根据本条订立的任何规约，以控制及管理分层地契计划中包含地块的使用或享有、实现以下相关的全部或任何目的：

（a）安全和保安措施；

（b）任何使用受限的共有物业的具体情况；

（c）饲养宠物；

（d）停车；

（e）地板覆盖物；

（f）垃圾处理；

（g）运转情况；

（h）所有单位业主须遵守的建筑及景观美化指导原则；

（i）其他适用于有关分层地契计划类型的事宜。

（4）根据本条或第三十三条订立的任何规约，以及对该规约所做的任何修订、增补或废除，在该规约或该修订、增补或废除（视情况而定）的副本呈交执行专员之前，并无效力。

（5）管理法团根据本条或第三十三条订立的每项规约，以及对现时生效的任何该规约所做的任何增补、修订或废除，均须由管理法团呈交一份盖有其印章的真实副本，并须由管理法团以执行专员可接受的形式及方式呈交，且呈交不得迟于管理法团通过关于批准订立该等规约或对任何现有规约作出任何修订、增补或废除的决议后45天。

（6）在不限制本法任何其他条款实施的情况下，根据本条或第三十三条制定的规约和任何现时有效的规约，应对该单位的管理法团、单位业主和任何管有抵押权人（无论是由其本人还是任何其他人）、承租人或居住者具有与法定规约相同的约束力，如规约——

（a）已由管理法团及各单位业主及每名管有抵押权人、承租人及使用人签署及盖章；且

（b）包含遵守、服从及执行规约所有条文的共同契约。

（7）单位租约须被视为载有承租人所订立的协议，即承租人将遵从法定规约以及根据本条或第三十三条制定的任何现行有效的规约。

（8）管理法团应——

（a）记录法定规约和根据本条或第三十三条由管理法团制定的当时有效的任何规约；

（b）对法定规约，以及任何由管理法团根据本条或第三十三条制定的生效规约，以如下方式提供免费阅知服务：

（i）将这些规约展示在由管理法团维护的共有物业的通告栏上；

（ii）应利益相关的申请查阅人的申请，提供这些规约，以便在管理法团办公室查阅；且

（c）若收到单位业主或经授权代表单位业主的人的获取正在生效的规约副本的书面申请，则应提供给该单位业主或被授权者这些副本，收取的费用不得高于法定数额。

（d）【根据2019年2月1日正式生效的2017年第35号法删除】

（9）任何根据本条或第三十三条制定的规约，都不能用

于——

（a）禁止或限制某单位的转让、转移、租赁、抵押或其他活动；或

（b）破坏或修改任何根据本法或《地契（分层）法》（第一百五十八章）明确规定或潜在规定而生成的地役权。

（10）管理法团或单位业主、管有抵押权人、承租人或使用者有权向法院提出申请——

（a）以获得法院指令，执行任何规约，或制止对任何规约的违反；或

（b）就因违反任何规约而对人或财产造成的任何损失或损害，追偿损害赔偿，

向有义务遵守该等法律的人、管理法团或物业公司追偿损害赔偿。

（11）法院可针对任何该等人、管理法团或其理事会成员或物业公司作出法院认为适当的指令。

（12）在本条中，"租约"包括租赁协议。

共有物业专用规约

第三十三条

（1）在不违反第三十二条前提下，征得相关单位业主书面同意后，管理法团可制定规约——

（a）依据某一普通决议，授予该规约所指明单位的单位业主或授予依此指明的若干单位的单位业主，为期不超1年的——

（i）专用权和享用权；或

（ii）特别权利，

在规约指明的条件（包括在指明时间或应管理法团的要求，由该单位或若干单位的单位业主或若干单位业主支付费用）下，

与全部或任何部分共有物业相关的专用权和享用权和特别权利；

（b）依据一项某一特别决议，授予该规约所指明的单位的单位业主，或授予依此指明的若干单位的单位业主，1年以上但不超过3年时间内，并不得通过行使任何续期选择权而延展至超过3年的——

（i）专用权和享用权；或

（ii）特别权利，

在规约指定的条件下（包括在规定时间内，或者在管理法团要求下，由一个或多个单位业主支付费用），使用整个或任一部分共有物业的特权；

（c）依照90%决议，授予规约中规定的一个或多个单位的单位业主，超过3年的——

（i）专用权和享用权；或

（ii）特别权利，

在规约指定的条件下（包括在规定时间或者在管理法团要求下，由一个或多个单位业主支付费用），使用整个或任一部分共有物业的特权；或

（d）修改、增补或撤销某项根据第（a）项，第（b）项或第（c）项所定的规约（视情况而定）。

（2）第（1）款中涉及的规约须规定——

（a）管理法团应依照第二十九条第（1）款的规定，自费继续履行责任；或

（b）某一个或多个相关单位的单位业主，应自费负责第（a）项中所述管理法团责任的履行，

另外规定，在规约授予多个单位业主权利或特权的情况下，相关单位业主应支付规约所规定须支付的任何金额——

（ⅰ）给管理法团；或

（ⅱ）给维护或保养任何共有物业的任何个人，

除规约另有规定，应根据其分层地契份额按比例由相关单位业主进行支付。

（3）第（1）款中所涉任何规约，在从属于、服务于规约中规定的某一个或多个单位现时的单位业主时发挥效力，并对单位业主具有约束力。

（4）若某项规约导致单位业主直接履行了第（2）款第（a）项所涉管理法团之职责，则该项规约免除了管理法团履行这些职责。

（5）若规约未能依照第（2）款第（a）项或第（b）项之要求进行规定，则一个或多个单位业主应负责自费履行第（2）款第（a）项中所涉管理法团之职责。

（6）任何单位业主依照第（1）款所述规约，应支付给管理法团的费用金额，都可在任何有管辖权的法院由管理法团作为债务追偿。

（7）依照第（1）款制定的规约——

（a）若规约规定了确认或定义共有物业的方法，则不再需要确认或定义作为专用权及享用权或者特权主体的共有物业；且

（b）可以授权在任何时间，将已确认的共有物业的区域转移给另一单位的单位业主，也可以在管理法团收到双方单位业主书面通知时授权转移。

（8）【根据2019年2月1日正式生效的2017年第35号法删除】

（9）【根据2019年2月1日正式生效的2017年第35号法删除】

共有物业的处置与添加

第三十四条

(1) 管理法团可征得有关当局同意，并根据90%决议——

(a) 依照《地契（分层）法》（第一百五十八章）第二十三条的规定，代表单位业主转移任一部分共有物业（包括附于共有物业的任何建筑物或不动产的一部分）；或

(b) 代表单位业主履行超过3年的共有物业的租赁，或者部分共有物业的出租，

作为管理法团依照第（3）款接受或获得租赁权的共有物业不在此列。

(2) 征得有关当局批准后，管理法团可以——

(a) 依照特殊决议，代表单位业主将全部物业租赁或部分共有物业出租给任何个人，时间多于一年但不超过3年，且不允许以任何形式的续签选择权延长至超过共3年的期限；或

(b) 依照普通决议，代表单位业主履行将全部物业租赁或部分物业出租给任何个人，时间不超过一年，且不允许以任何形式的续签选择权延长超过共一年的期限，

作为管理法团依照第（3）款接受或获得租赁权主体的共有物业不在此列。

(3) 管理法团可根据特殊决议，在征得有关当局批准之下，接受——

(a) 任何毗邻该地块土地（非地块内单位）的赠与或转让，不得受到任何阻碍（按照法规或现存地役权所设的阻碍除外）；

(b) 任何单位的赠与或转让，包括从属于该单位的共有物业中未划分分层地契份额的赠与或转让，不得受到任何阻碍（按照法规或现存地役权所设的阻碍除外）；或

（c）非地块内单位的土地的租赁，包括毗邻或不毗邻该地块的土地之租赁，

以创造额外的共有物业。

（4）管理法团可依照普通决议，批准划分某个单位，或合并两个或两个以上单位，从而产生任一额外共有物业或新的共有物业。

（5）凡有2个或多于2个管理法团为同一租约的不同地块而设立，则各管理法团，可按照各自的特别决议，并在获得有关主管当局批准后，接受和执行该等法律文书，将各地块内的共同物业合并，合并后的共同物业由各管理法团的所有单位业主，以不分割契约份额的方式，作为共同租户所持有。

管理法团设立地役权

第三十五条

（1）依照第（2）款，管理法团可根据全体一致决议——

（a）代表单位业主实施地块地役权的准予或限制性契约的准予；

（b）代表单位业主接受地役权或限制性契约的准予；

（c）代表单位业主交出地块地役权或限制性契约的准予；或

（d）代表单位业主接受对方交出的地役权或限制性条款。

（2）第（1）款不应授权管理法团接受、准予或实施管理法团依照第三十四条第（3）款所接受或获得租赁权的共有物业之地役权，除第（1）款外，管理法团无权作为承租人接受或实施地役权，或者按照租约条款术语，防止管理法团接受或实施地役权。

单位业主可向法院提交与共有物业相关的申请

第三十六条

（1）尽管有第三十四条和第三十五条规定，但单位业主仍可

向法院申请法院令，要求一个或多个管理法团——

（a）转移共有物业的一部分；

（b）接受任何土地或其中一部分或任何单位的转移，使这些土地，或其一部分，或任何单位成为共有物业的一部分；或

（c）合并两个或两个以上管理法团的共有物业。

（2）若申请书已经依照第（1）款递交给法院，而通过召开会议的方式通过所需决议不可行，且在考虑单位业主和共有物业注册投资人的整体权利和利益后，认为以下行为是公正且公平的——

（a）共有物业的一部分应进行转移；

（b）任何土地或其中一部分或单位应成为共有物业的一部分；或

（c）两个或两个以上管理法团的共有物业应合并，

则法院可发布指令，要求一个或多个管理法团转移共有物业的该部分，接受土地或其中一部分或单位的转移，或者在某些情况下，实施一项法律文书，以转移两个或两个以上影响共有物业的地块，而成为一个地块，所有单位业主作为共同租客对这一地块有既得权益，并将这些转移向地契注册官提交。

单位的修缮和扩建

第三十七条

（1）除非依照第（2）款许可的当局指示，任何分层地契计划中，单位的单位业主不得为自身利益，在其单位之内或之上作出任何增加或可能增加分层地契计划中所包含的土地面积和建筑面积的修缮行为。

（2）管理法团若收到分层地契计划中任何单位业主的申请，且认为申请项目合理，则可按照90%决议，授权该单位业主在其单位之内或之上，修缮其第（1）款中所述单位。

（2A）为避免歧义，第（1）款与第（2）款不影响《规划法》第二百三十二章的执行，也不影响该法对获得书面允许，在单位之内或单位之上进行任何修缮行为以增加或可能增加分层地契计划中包含的土地和建筑面积的任何要求规定。

（3）除非依照获第（4）款准予的管理法团授权，或经第三十七A条允许，任何分层地契计划中单位的单位业主不得为自身利益，在单位内或单位之上，对其单位作出影响分层契约计划中建筑外观的任何其他修缮行为。

（4）管理法团若收到分层地契计划中任何单位业主的申请，且认为申请项目合理，则可授权该单位业主对第（3）款中所述单位在单位内或单位之上作出任何修缮，若管理法团确信，对单位内或单位上的修缮——

（a）不减损分层地契计划中任何建筑的外观或与其余建筑保持一致；且

（b）不影响分层地契计划中任何建筑的结构整体性。

（4A）若分层地契计划管理法团确信，分层地契计划中某单位之内或之上的修缮行为的实施违反了第（1）款或第（3）款，则管理法团可书面通知该单位业主（不论该单位业主是否对违反行为负有责任），要求该单位业主在通知规定的合理时间内，自费执行并完成为纠正违反行为而对单位进行的工程作业或改动。

（5）在本条与分层地契计划中任何土地和建筑相关的条款中，"建筑面积"与《开发费用规划条例》第二百三十二章第五条中"建筑面积"一词的意义相同。

安全设备安装须知

第三十七A条

（1）分层地契计划包含的地块上建筑单位的单位业主可以在

单位之上安装安全设备，也可将安全设备作为单位面向室外的任意窗户、门或开口的一部分安装，即使本法任何其他条款或规则或地块任何规约禁止安装此类安全设备。

（2）依照本条安装安全设备的建筑单位业主须——

（a）维修因安装安全设备对共有物业或（视情况而定）限制性共有物业任何部分造成的任何损伤；且

（b）确保有效合理地安装该安全设备，且安装后的外观与建筑外观一致。

（3）在本条中，"安全设备"指——

（a）用于防止人从面向室外的阳台、平台、窗户、门或开口的边缘掉落的任何具有如下特征的设备：

（i）窗户、格栅或屏风；

（ii）栏杆、扶手或围墙；

（b）任何能够限制面向室外的窗户、门或开口打开的设备；

（c）任何阻止动物或昆虫进入单位的屏风或其他设备；

（d）入侵警报器或监视系统；且

（e）任何设计用来保护单位使用人免于单位入侵者的锁或其他安全机制。

维修基金和累积基金

第三十八条

（1）管理法团应建立并维持一个基金作为其维修基金。

（2）管理法团应向其维修基金存入的款项有——

（a）根据第三十九条第（1）款所规定的费用征收的所有款项；

（b）通过出售或以其他方式处置属于共有物业和管理法团的任何动产的收益款项；

(ba) 根据《土地征用法》，与分层地契计划相关的任何非单位征用中，从地税征收官处获得的所有补偿奖励；

(c) 管理法团根据第四十七条收取的一切费用；

(d) 管理法团因保险索赔而获得的任何金额；

(e) 属于维修基金的任何投资产生的利息；且

(f) 管理法团出租共有物业所得的任何收入。

(3) 除以下用途外，管理法团不得使用其维修基金来支付任何款项——

(a) 承担第三十九条第（1）款中所述的责任；

(b) 履行本法规定的权力、权限、义务或职能；

(c) 把不需要用于支付维修基金债务的款项转入累积基金。

(3A) 年度预算必须包含处理第（3）款第（d）项和第（e）项规定的事项的预估费用，年度预算必须在年度业主大会中通过一般性决议批准。

(3B) 管理法团有权召开临时业主大会，以一般性决议的方式，批准覆盖第（3）款第（d）项或第（e）项所述的意外或紧急开支的补充预算。

(4) 管理法团还应建立并运行一个基金，作为其累积基金。

(5) 除根据第（3）款第（c）项转移的任何款项外，管理法团应向其累积基金存入的款项有——

(a) 根据第三十九条第（2）项征收的所有费用款项；

(b) 因履行保险索赔义务而支付给管理法团，但没有支付给物业维修基金的金额；

(ba) 出售或以其他方式处置属于共有物业的任何不动产的收益金额；

(c) 所有管理法团收到、未支付或不可支付到维修基金的金

额；且

(d) 属于累积基金的任何投资所产生的利息。

(6) 管理法团不得使用其累积基金来支付任何款项，除非用于——

(a) 履行第三十九条第（2）款中所述的责任；或

(b) 履行本法规定的权力、权限、义务或职能；

(7) 管理法团仅能按照信托基金投资法允许的方式用其维修基金或累积基金中的资金进行投资。

(8) 管理法团应将其维修基金或累积基金中未按照第（7）款要求进行投资的资金存入管理法团名下的金融机构账户中。

(9) 管理法团可通过其与贷款方商定的方式借入款项并确保偿还款项和任何利息，或者要求共有物业支付还款。

(9A) 根据《地契（分层）法》（第一百五十八章）第 VA 节，维修基金或累积基金中的任何款项不得用于集体出售该物业，除非是出于根据该法第二建筑分层单位附表召开业主大会的目的。

(9B) 根据《地契（分层）法》第 VA 节，在合法完成物业的集体出售之日留在维修基金和累积基金中的款项应尽快退还给单位业主。该款项按照本法应与管理法团对单位业主征收的费用成比例。

(10) 管理法团应——

(a) 敦促对管理法团收到或支出的款项开设适当的账簿，账簿记录收取或支出的款项；且

(b) 敦促根据在第（a）项所述的账簿基础上每期编制一份适当的管理法团账目表，账目表开始日期应为委员会成立之日或最早为上一个账目表完成之日，结束日期不早于每个年度业主大会召开前 4 个月。

单位业主缴纳的费用由管理法团决定

第三十九条

(1) 管理法团须不时通过一般决议决定以费用的形式征收合理而必要的款项,这些款项用于偿还管理法团在此期间(不超过12个月)内发生或将要发生的实际或预期债务,有关决定中规定为以下方面债务——

(a) 根据第二十九条规定,管理法团对其持有或代表管理法团持有、构成地块组成部分的共有物业、固属物、配件及其他物业(包括动产)所进行的定期维护及保持良好状况;

(b) 管理法团的共同费用[第(2)款第(a)项至第(d)项中所述费用除外];

(c) 保险费的支付;

(d) 管理法团或代表管理法团执行本法规定的权力、权限、义务和职能过程中,除第(2)款所述的债务以外在该期间发生或将要发生的所有其他债务;且

(e) 支付根据《环境公共卫生法》第三十一M条应付的任何关联费,以及根据第三十一N条应付的任何税费。

(2) 管理法团须不时以一般决议的方式决定以费用的形式征收合理而必要的款项,这些款项用于偿还管理法团在此期间内在以下方面发生或将要发生的实际或预期债务——

(a) 共有物业中任何结构性部分的粉刷和处理,或共有物业的保存或外观改善;

(b) 共有物业和边界墙的重大维修、修缮和维护;

(c) 根据第二十九条,管理法团持有或代表管理法团持有、构成地块组成部分的共有物业、固属物、配件及其他物业(包括动产)所进行的更新或更换;

(d) 动产收购；

(da) 管理法团任何非单位征用的相关费用；且

(e) 管理法团预期未来通过一般性决议决定、应部分或全部用其累积基金的资金偿还的其他债务。

(3) 如管理法团发生任何无法立即偿还的款项，管理法团必须通过一般性决议决定将通过费用征收的金额。

(4) 管理法团根据第（1）款或第（2）款所作出的决定可具体要求为此处所述用途而筹集的款额应征收的定期费用。

单位业主缴纳的费用

第四十条

（1）管理法团可按照第三十九条第（1）款或第（2）款或第四十一条以及第三十九条第（3）款所述的费用确定要征收的费用金额。征收方式可以是书面通知单位业主根据各自所拥有的单位应缴的费用。

（2）根据第四十一条和第一百〇八条第（3）款规定，管理法团对每个单位所征收的费用，须由单位业主按照其各自单位的分层地契份额比例缴纳。

（3）如一个人成为一个单位的单位业主时，另一人须根据本条或第四十一条缴纳该单位的费用，根据第四十七条第（3）款规定，单位业主应在缴纳费用和费用利息上与另一人承担连带责任。

（4）已不再是该单位业主的人只需缴纳根据本条或第四十一条所征收、在其单位业主身份停止之时尚未缴纳的费用，以及未付费用直到交付前累积产生的利息。

（5）在不影响单位业主根据本条或第四十一条应缴纳的任何费用的情况下，如抵押权人拥有（不论是本人还是任何其他人拥有）一个单位，抵押权人与单位业主对抵押权人拥有的单位负有以下连带责任——

（a）通过定期分期付款向维修基金或累积基金缴纳任何费用；

（b）如已向抵押权人送达有关征收费用的书面通知，则应缴纳任何其他费用；且

（c）上述任何费用的利息。

（6）根据本条或第四十一条所征收的任何费用——

（a）到期并支付给管理法团，根据管理法团作出的征收决定，不可扣除任何款项；

（b）如在到期应付日起第30天或之前未缴纳，费用将按照管理法团决定的利率计算利息，该利息应自费用到期并应付日起第30天开始累计，除非管理法团在业主大会（一般情况下或在特定情况下）决定所有未支付的费用不计利息；且

（c）可与该应付利息一起，由管理法团在任何具有管辖权的法院作为债务追偿。

（7）根据第（6）款支付的任何利息将构成该费用所属基金的一部分。

（8）管理法团根据本条或第四十一条征收的任何费用均应视为按照服务提供合同所应付的款项，管理法团可根据《小额索偿法庭法》（第三百〇八章）向小额钱债审裁处提出索偿。

（9）如根据第（6）款征收的任何费用或该费用产生的利息未于其到期及应付后第30日或之前缴纳，管理法团可就该费用征收对象的单位的单位业主发送索赔书。

（10）在不影响第（8）款的情况下，如单位业主在第（9）款所提述的任何索赔书送达之日后第14日前未能支付应付给管理法团的任何费用或利息，即构成违规行为，一经判定，将处以不超过1

万美元的罚款，如不改正，则在判定后费用或利息未缴或两者均未缴期间，处以每天不超过 100 美元的罚款，罚款以每天或者以更小的单位计算。

（11）根据第（10）款对违规行为进行判决的法院可以在罚款的基础上指令单位业主向管理法团支付任何费用以及该费用产生的利息或管理法团核证的、违规者在判定之日应向管理法团支付的任何利息，该金额应根据在追偿罚款之时有效的成文法追偿。

（12）在本条中，"单位业主"包括——

（a）拥有单位的抵押权人及当时收取该单位租金的人（不论是代理人、受托人或接收人），或在该单位已租给租客的情况下收取租金的人；且

（b）就《财产税法》而言、以单位业主的名义姓名记录在《财产税法》（第二百五十四章）中所述的估价清单中的人。

费用的增加或变更

第四十一条

（1）尽管有第四十条第（2）款的规定，待批单位的单位业主应付的费用应在由该待批单位构成的任何建筑物正在建造但尚未完工的期间内减少 75%。

（2）就第（1）款而言，由待批单位构成的建筑物中任何一个待批单位获取临时占用许可证将视为完工。

（3）尽管有第四十条第（2）款的规定，管理法团根据第（4）款在获得执行专员批准的情况下，有权向任何单位的单位业主征收额外费用——

（a）如一个单位分为两个或更多单位，管理法团在维持设施或共有物业方面将产生额外开支，无论原始单位的切分是否创造

了新设施或新共有物业；

（b）如单位任何使用上的变化得到主管当局批准，而共有物业没有因此经历任何改动；或

（c）如根据第三十七条，为该单位业主的利益而已在该单位内或对该单位进行修缮。

（4）当且仅当执行专员确信额外费用合适、正常且合理时，执行专员可根据第（3）款批准征收任何额外费用。

（5）执行专员根据第（3）款批准征收任何额外费用前应给予任何当事单位业主聆讯的机会。

（6）尽管有第四十条第（2）款的规定，如更改任何共有物业或在共有物业上建设任何结构、造成共有物业或任何单位的使用变更，管理法团可依据综合决议，使用与第四十条第（2）款不同的任何一个或多个方案，向该单位的任何单位业主征收应缴纳入维修基金及累积基金的费用。

（7）第（6）款所提述的每项综合决议的副本须由当事管理法团在综合决议通过后7天内提交给执行专员。

（8）尽管有第四十条第（2）款的规定，但根据第（1）款、第（3）款及第（6）款规定，管理法团可根据协商一致的决议，按照任何其他方法向其管理法团所有或任何单位业主征收费用，费用纳入维修基金或累积基金。

（9）管理法团可以通过特别决议决定（在一般情况下或在特定情况下）在下列情况下单位业主可少支付的费用金额或百分比：

（a）如费用在应付日之前支付给管理法团；或

（b）对于以分期付款方式支付的费用，如费用在全额付款通知书规定的日期或之前全额支付，或如该费用按照决议所述的其他方式支付。

首次年度业主大会前应付的费用

第四十二条

（1）在为一个分层地契计划而成立的管理法团尚未召开首次年度业主大会之前，该分层地契计划中的每个单位的单位业主应自管理法团成立之日起向管理法团支付执行专员根据第十八条批准、为维护分层地契建筑和共有物业的应付金额。

（2）第（1）款所提述的总额应视为管理法团认定为单位业主应向管理法团维修基金缴纳的费用。

通过出售单位追偿费用

第四十三条

（1）如——

（a）根据第三十条，管理法团可向一个单位的单位业主追偿款额；或

（b）根据第四十条或第四十一条征收的任何费用，

该款额或费用在管理法团要求支付该款额或费用的追偿书送达30天后仍未付的，该款额或费用包括其产生的任何利息（如有），在管理法团向地契注册官要求提交单位收费票据并将单位收费票据在地契注册官登记后，将构成管理法团向业主单位的收费。

（2）在地契注册官登记该单位收费票据后——

（a）根据第（3）款，管理法团将拥有出售权和该管理法团相当于注册抵押权人有关或附带的所有其他权力；且

（b）应付的款额或费用（包括其产生的利息）将应承担任何公共部门对单位的所有法定收费的义务，并应在单位收费票据登记或通知之日前承担产权负担，除非在事先登记的抵押权人或受押人已行使其出售权、已将该单位出售的情况下，当抵押权人或受押人将已登记的房地产收费或单位利息转让购买人时已登记的

房地产收费或单位利息转让不得低于之前登记的抵押或收费的抵押权人或授权人行使出售权获得的款额。

（3）根据第（2）款第（a）项，管理法团不得出售该单位，除非——

（a）管理法团已通过特别决议同意出售该单位；

（b）有关预定销售的通知已在一份或多份由地契注册官批准的日报上刊登一次；

（c）在该刊登日期后的六周内，未收到任何应付款额或费用的支付（包括款额或费用产生的利息）和第（b）项所述的刊登费用以及任何其他必要的附带费用；且

（d）法庭没有阻碍管理法团进行出售的待决法律诉讼。

（4）如管理法团已根据第（2）款及第（3）款行使其作为受押人出售权转让任何单位并已向地契注册官注册——

（a）除非已向地契注册官报送，否则不得接受此类转让登记——

（i）在管理法团理事会两名成员在场的情况下，管理法团授权其行使出售权的特别决议并加盖管理法团印章的核证真实副本一份；

（ii）包含第（3）款第（b）项所涉及所有通知的每份刊物副本各一份；且

（iii）第（i）目提述的管理法团理事会成员作出的法定声明一份，成员共同声明相关应付的款额或费用及款额及费用产生的应付利息，包括到该单位出售合同签订之日时应支付给管理法团的所有必要的附带费用尚未支付，且法院尚无限制该管理法团出售该单位的待决法律诉讼；且

（b）无论是已从管理法团购买该单位的人还是地契注册官，

均不应询问该出售或转让是否有效或规范。

(5) 根据本条,单位收费票据已登记的情况下,该单位的单位业主应——

(a) 在管理法团行使本条赋予的出售权之前,单位业主向管理法团支付应付全部款额或费用(包括款额和费用产生利息)及任何必要或附带费用(包括法律费用)后,单位业主有权获得管理法团签发、承认作为上述付款收据的解除票据;且

(b) 解除票据登记后,或如管理法团拒绝执行解除,法院宣布该单位从该收费中解除的指令后,该单位将免缴本条规定的费用。

(6) 为根据本条登记单位收费、解除或转让目的,地契注册官可免除出具根据《地契(分层)法》(第一百五十八章)出具的有关附属分层地契证书副本。

(6A) 在不影响第(6)款的情况下,如该单位的现有附属分层地契证书在单位转让时未提交,地契注册官有权取消现有的档案并为受让人创建新的档案。

(7) 尽管有《地契(分层)法》第八十条(第一百五十七章)及《契约登记法》第十五条(第二百六十九章)规定——

(a) 如本条中的单位收费票据登记后,仍存在应缴纳给管理法团的其他费用及费用产生的利息;或

(b) 如管理法团因收取或试图收取未付款额或费用或其他款项或费用而产生或应承担任何合理法律费用及合理开支,

应付款额或费用(包括其产生的利息)和该法律费用和开支应优先于任何其他索偿,应付款额或费用视为在收费登记日应付。

(8) 根据第(2)款收取的费用直至所有款额或费用(包括其产生的利息)以及费用涉及的法律费用及开支(视情况而定)付

讫之前，缴纳该费用的义务一直存在。

（9）本条不影响第三十条及第四十条赋予管理法团索偿应付款额或费用以及款额或费用所产生的所有利息的权利和权力，包括管理法团为所偿任何单位的单位业主以及其继承人作为债务应付款额或费用而必然发生的任何法律费用和额外费用的权利和权力。

（10）本条中"公共机关"指经任何成文法律授权或赋权可强制性附加、出售或取得单位的政府、土地收入征收者，物业税审计长及任何其他人、公司或实体。

成员需承担的管理法团债务

第四十四条

（1）根据本条，管理法团的当前成员和当任成员应保证管理法团在行使其任何权力或职能或履行其职责或义务的过程中合法支付的任何支出。

（2）单位的单位业主仅须承担如管理法团根据第四十条或第四十一条第（6）款为筹集开支所需的款额收取费用而应支付的款额。

管理法团的账目审计

第四十五条

（1）根据第一百三十四条，每个管理法团每个财政年度的账簿及账目均须接受审计。

（2）管理法团的账簿及账目的审计只可由《公司法》（第五十章）认可的公共会计师进行。

（3）审计师须通过以下方式委任——

（a）管理法团在其年度业主大会上委任；或

（b）如在管理法团年度业主大会期间未委任审计师，管理法

团理事会须不迟于其年度业主大会结束后的第 90 天进行委任，

审计师须在下一次管理法团年度业主大会结束之前一直任职。

分层地契房屋信息档案

第四十六条

（1）管理法团应按照本条，制定和保存分层地契房屋信息档案。

（2）分层地契房屋信息档案可由管理法团决定的形式记录。

（3）管理法团应将以下信息记录在与该信息涉及的单位有关的分层地契房屋信息档案页上：

（a）该单位的分层地契份额，如执行专员根据第十一条认可的分层单位附表所示；

（b）包括该单位在内的附属分层地契单位登记册上所示的单位业主姓名，以及用于接收向该单位的单位业主传送通知的新加坡境内地址，

（ba）根据第六十五条第（2）款或第（3）款向管理法团发出的通知所示，该单位的转让过程中每名受让人的姓名，以及每名受让人用来接收发给受让人通知的新加坡境内地址；

（c）根据第六十五条第（4）款向管理法团交付抵押的任何单位通知抵押权人的姓名，以及该通知中所示、用于接收发送给抵押权人的通知的新加坡境内地址，以及在该通知中指明、优先于抵押权人该抵押的任何其他抵押；

（d）根据第六十五条第（10）款向管理法团发出的通知中所示的作为单位单位业主或抵押权人的任何公司的代表姓名；

（e）第（c）款中所述的任何抵押的解除、转让、分配或分押，如根据第六十五条第（5）款或第（6）款向管理法团发出的通知中所示，除解除之外，该通知所示受让人、代理人或分抵押

权人用于接收通知的新加坡境内地址；

（f）根据第六十五条第（7）款发送给管理法团的通知所示的抵押权人占有该单位的生效日期；且

（g）根据第六十五条第（1）款发送给管理法团的一项通知中所示的任何人用于接收通知的新加坡境内地址。

（3A）本条中提到用于接收通知的新加坡境内地址也包括电子邮件地址（如已提供）。

（4）管理法团须在分层地契房屋信息档案中记录并保存一份有关分层地契建筑的暂时有效规约副本。

管理法团需提供的信息等

第四十七条

（1）管理法团在收到与次级管理法团相关的分层地契建筑涉及的单位提出的书面申请后，或者该单位的单位业主或抵押权人或潜在购买者或者得到上述单位业主或抵押权人书面授权的人关于分层地契建筑涉及的单位提出的书面申请，并收到规定费用后，应完成申请书内要求的以下任何一项或多项事情：

（a）通知申请人管理法团主席、秘书及财务总监以及根据第六十六条委任为物业公司的姓名及地址；

（b）供申请人或其代理人查阅的——

（i）分层地契房屋信息档案；

（ii）第二十九条第（1）款第（g）项所述的通知及指令；

（iii）根据第二十六条第（4）款交付的计划、说明书、证明、图纸及其他文件；

（iv）管理法团及其理事会、业主大会会议记录；

（v）管理法团账簿；

（vi）管理法团根据第三十八条第（10）款最新编制的管理法

团账目表副本；

（vii）管理法团收到、其构成的分层地契计划相关的非单位的征用，根据《土地征用法》第三条、第八条或第十六条提交的任何通知或根据《土地征用法》第十条发出的任何裁定副本；

（viii）管理法团保管或管控的任何其他纪录或文件，

在申请人或其代理及管理法团达成协议的时间及地点，或在未达成协议的情况下，在管理法团根据第（2）款确定的日期和时间在分层地契建筑；

（c）在证明书当日，就申请所涉及的单位，证明——

（i）管理法团根据第三十九条第（1）款及第（2）款确定的任何定期费用金额，以及该费用应付的时间段；

（ii）是否有任何根据第三十九条第（1）款及第（2）款确定的费用未付，若有，未付款额及该费用征收的日期；

（iii）是否有任何根据第四十条或第四十一条征收的费用未付，若有，其款额及该款额征收日期；

（iv）是否有任何根据第三十条可从该单位业主索偿的款项，若有，其款额；

（v）根据第四十条第（6）款第（b）项，任何该款所提述的未付费用的应付利息；

（vi）管理法团是否已收到根据《地契（分层）法》（第一百五十八章）第八十四条A或第八十四FA条向任何分层地契委员会或高等法院提出的任何申请副本，或任何分层地契委员会或高等法院指令的副本；且

（vii）管理法团是否收到根据《土地征用法》第三条、第八条或第十六条发出，该委员会成立目的的分层地契计划相关非单位征用的通知，或是否收到根据该法第十条发出的任何裁定副本。

(1A) 分层地契计划的管理法团在根据《地契（分层）法》（第一百五十八章）组建，以便根据该法第八十四 A 条或第八十四 FA 条进行集体出售的集体出售委员会提出书面申请，并且集体出售委员会支付规定费用后，应提供一份分层地契房屋信息档案的摘录副本，其中包含第四十六条第（3）款所提述的有关构成该分层地契计划的每个单位的信息。

（2）如申请人和管理法团未能在管理法团收到申请后第 7 日或之前达成第（1）款第（b）项所提述的协议，管理法团须立即向申请人邮寄一份通知，通知中明确一个至迟于物业委员会收到有关款所述的视察申请后的第 21 天的一个日期，具体时间定于上午 9 点和下午 6 点之间。

（3）管理法团根据第（1）款第（c）项就该单位提供的证明书，为房地产或任何一个单位权益的受益人或提出有值对价的人，在证明发布之日应作为该证明书中所陈述的事项的确凿证据。

（4）根据第（1）款第（b）项有权检查文件的人，可在缴付费用后（如有规定）从该文件中摘录或复制该文件，但不得未经管理法团同意，以检查文件、从中摘录或制作副本为由，造成文件未处于管理法团的保管之下。

共有物业征用补偿决定公示

第四十七 A 条

（1）如管理法团根据其规约需设立公告栏，其理事会必须——

（a）在管理法团收到根据《土地征用法》第三条、第八条、第十六条或任何其他条文发出的任何通知，或根据该法第十条作出的任何决定后的 7 天内（包含第 7 天），对于任何与分层地契计划（管理法团因其而成立）有关的非单位征用，将每份该等通知或决定的副本展示在公告栏上；且

（b）在该公告栏上展示该通知或决定的副本，为期不少于14天。

（2）如未设公告栏，其理事会必须在第（1）款第（a）项界定的期限内，向当时组成管理法团的各单位业主提供该段所述通知或决定的副本。

管理法团的所有相关记录

第四十八条

（1）拥有或控制以下物品者——

（a）管理法团的任何记录，账簿或钥匙；

（b）由管理法团保管的分层地契房屋信息档案；或

（c）管理法团的任何其他财产，

应在收到理事会关于上交有关物品决议的通知后的7天内，将该等记录、账簿、钥匙、分层地契房屋信息档案和其他财产交给通知指定的理事会成员。

（1A）任何人无合理辩解而违反第（1）款，即属违规，一经确定，可处不超过5000美元的罚款。

（2）每个管理法团应保留其所有记录、账簿和与其任何交易或业务有关的其他文件，自该等文件所涉及的交易或业务完成的财政年度结束起，为期不少于5年。

（3）任何管理法团无合理辩解而未遵守第（2）款，即属违规。

管理法团成立初期受到的权力限制

第四十九条

（1）尽管本法有任何其他规定，为任何分层地契计划而成立的管理法团在其成立初期不得——

（a）修订、增补或撤销规约，使一个或多个（但并非全部）

单位业主或在分层地契计划中的一个或多个（但并非全部）单位获得一项权利或承担一项义务；

（b）更改构成该分层地契计划所含地块一部分的任何共有物业，或在该共有物业上建造任何建筑；

（c）给予该地块地役权或限制性契约；

（d）根据第三十四条对共有物业的任何部分进行转让，或授予任何人使用和享有共有物业的专有权；

（e）订立任何合同，给予任何人有效期延至初始有效期届满后的使用、占用、控制或管理共有物业的任何部分的权利；

（f）借款或发行证券；且

（g）委任一物业公司，其任期超过初始期限，

除非根据第五十条或第五十一条授权该事项。

（2）为任何分层地契计划而成立的管理法团在成立初期订立的任何合同，即与分层地契计划所包含地块的任何部分的维修有关的服务合同，应被视为合同内包含此条文：管理法团可向合同另一方发出书面通知后立即终止合同，而无须支付任何损害赔偿、费用或其他赔偿。

（3）在不影响分层地契计划所包含的开发项目的业主开发商可获得的任何其他救济的情况下，如就该分层地契计划而成立的管理法团违反第（1）款的规定——

（a）业主开发商应对管理法团或任何单位业主因违反规定而遭受的任何损失负责；或

（b）管理法团或任何单位业主可向业主开发商追偿因违反法定义务而遭受的任何损失，作为损害追偿。

除非——

（i）违规行为在业主开发商不知情的情况下发生；

（ii）业主开发商无法影响管理法团与违规有关的行为；且

（iii）业主开发商在此情况下已尽职尽责努力防止违规。

管理法团成立初期允许对共有物业进行变更

第五十条

如管理法团经特别决议授权对第四十九条第（1）款第（b）项所提述的任何共有物业进行更改或在其上进行任何建筑建造，则就分层地契计划所包含的任何地块而成立的管理法团，在其成立初期，可进行该更改或建造。

管理法团成立初期执行专员授权部分事项的权力

第五十一条

（1）执行专员可根据管理法团的申请作出指令，授权执行第四十九条第（1）款第（a）项、第（c）项、第（d）项、第（e）项、第（f）项或第（g）项所提述的任何事项。

（2）根据第（1）款提出申请的通知应根据本法规定的任何法规送至——

（a）有关分层地契建筑中每个单位的单位业主，除非该人为申请人；

（b）该等单位的登记抵押权人；且

（c）执行专员可指示的其他人。

（3）申请人及第（2）款所提述的任何人（不论其是否已收到根据第（1）款提出申请的通知），均有权就该申请陈词。

（4）除非执行专员认为该指令服务于单位业主或在有关单位有公平权益的人的利益，否则不得根据本条作出指令。

对执行专员的决定提出上诉

第五十二条

（1）任何人如因执行专员根据第五十一条作出的任何决定而

感到不公，可在通知所指明的期间内的任何时间，按规定的方式就该决定向部长提出上诉。

（2）除另有规定外，凡根据本条提出上诉，在上诉获裁定前，上诉所针对的决定应予遵从。

（3）部长可通过确认、更改或取消执行专员根据第五十一条作出的决定，对根据本条提出的上诉作出裁定。

（4）部长在根据本条提出的任何上诉中所作的决定为最终决定。

第三部分　理事会

管理法团理事会

第五十三条

（1）根据本条及第五十三 A 条，各管理法团在首次年度大会后，均应设有一个理事会，理事会由管理法团在大会上所决定的人数组成，但在任何情况下不得超过14名自然人［包括第八十条第（4）款中的次级管理法团的执行委员会的任何成员］。这些人员应根据本法选举或任命如下：

（a）理事会主席；

（b）理事会秘书；

（c）理事会财务总监；或

（d）理事会成员，

以上人员均应为依照本法选举或任命的自然人。

（2）尽管有第（1）款的规定，如管理法团的单位业主不多于3名，则管理法团的理事会应由属自然人的各单位业主（如有）或该单位业主的指定人，连同属于公司的各单位业主的被指定人组成（如有）。

（3）如管理法团只有一名单位业主，正式召集的理事会根据本法可作出的任何决定，该唯一单位业主也可作出，而任何此类决定应被视为管理法团理事会的决定。

（4）管理法团的所有理事会成员应在管理法团的每次年度大会上选举产生。

（5）管理法团的理事会成员应在管理法团下一次年度大会结束时卸任，但即将卸任的理事会成员（在符合本法规定的情况下）应有资格连任。

（6）任何人除非年满21岁并满足以下条件，否则无资格当选为管理法团的理事会成员——

（a）为某一单位的单位业主；

（b）由属于公司的某一单位的单位业主提名竞选；或

（c）虽不是单位业主，但为某一单位的单位业主的直系亲属，并由该单位业主提名竞选。

（7）尽管有第（6）款的规定，但如果该款所提述的个人在选举日三天前有以下情况，将无资格当选为管理法团的理事会成员——

（a）该个人虽为某单位的单位业主，但拖欠由管理法团根据本法就该单位对其征收或可收回的全部或任何部分费用和任何其他款项；

（b）该个人由属于公司的某一单位的单位业主提名竞选，但该公司拖欠由管理法团根据本法就该单位对其征收或可收回的全部或任何部分的费用和任何其他款项；或

（c）该个人为单位业主的直系亲属，且由该单位业主提名竞选，但该单位业主拖欠由管理法团根据本法就该单位对其征收或

可收回的全部或部分费用和任何其他款项。

（8）尽管有第（6）款的规定，在不损害第（7）款效力的原则下，以下个人亦无资格当选为理事会成员：

（a）与另一名单位业主同为一单位的单位业主者，且该另一名单位业主亦是该次选举的候选人或已为该次选举提名另一名候选人；且

（b）由拥有两个或多个单位的单位业主提名竞选的个人，且该单位业主与其提名的任何被提名者——

（i）在同一选举中被提名；或

（ii）在同一选举或其他选举中获选或任命为理事会成员，或该单位业主的提名者数量超过了第（12）款规定的该单位业主的提名上限。

（9）尽管有第（6）款的规定，在不损害第（7）款及第（8）款效力的原则下，债务未偿清的破产人如在获提名时以书面形式宣布其为未清算账务破产人，并仅在此条件下，不论是由他本人或由他人宣布，该人均有资格当选为理事会成员。

（9A）尽管有第（6）款的规定，在不损害第（7）款、第（8）款和第（9）款效力的原则下，根据第（1）款，任何人在以下情况将无资格当选或连任下列职务——

（a）如该人已当选该理事会财务总监或秘书时，则无资格当选或连任主席职务；

（b）如该人已当选主席或秘书时，则无资格当选或连任财务总监职务；且

（c）如该人士已当选主席或财务总监时，则无资格当选或连任秘书职务。

（9B）尽管有第（6）款的规定，在不损害第（7）款、第

（8）款、第（9）款和第（9A）款效力的原则下，根据第（1）款，任何人如连续3届担任该理事会财务总监，则该人无资格当选或连任该职务。

（10）如没有管理法团理事会，分层地契计划包含的地块应由为该计划成立的管理法团管理，但是本款不得有任何阻止根据本法任命的物业公司行使或执行任何其被授予或强制其履行的权力、职责或职能的规定。

（11）附表二对管理法团理事会的会议程序具有效力。

（12）为确定任何被单位业主提名者是否有资格根据第（8）款第（b）项的规定竞选理事会成员，该单位业主的提名上限为——

（a）理事会成员的数量与单位业主的分层地契份额成比例，小数忽略不计；或

（b）根据第（1）款的规定，理事会成员人数的49%，小数忽略不计，

以二者中较低值为准。

综合开发理事会

第五十三A条

（1）本条仅适用于在分层地契计划中为一个地块而成立的拥有超过3名单位业主的管理法团，不论是否包括有限共同物业，都要由根据《规划法》（第二百三十二章）授权的具有以下两种及以上用途的建筑物构成：

（a）住宅；

（b）办公室；

（c）商业场所（办公室除外），如商店、餐饮场所或剧院；

（d）寄宿场所，例如酒店、服务式公寓或疗养院；

（e）规定的目的。

（2）在符合本条的规定下，如属第（1）款所述的综合开发区的管理法团，必须为该款所述并根据《规划法》给该开发区授权的每类用途预留至少一个该委员会理事会成员的职位（在本法中称为预留理事会职位）。

（3）尽管有第五十三条第（6）款的规定，在不损害第五十三条第（7）款、第（8）款、第（9）款、第（9A）款和第（9B）款的规定下，根据第五十三条，任何人如属以下情况，即无资格当选或连任为某一特定类别用途而预留的理事会职位。

（a）非被授权作该用途的开发项目的单位业主；且

（b）非第（a）项中单位业主的被指定人。

（4）如在业主大会中预留理事会职位提名截止时，只有一名有资格参选的人获得该职位提名，该人在无须投票的情况下即可被视作当选。

（5）然而，如在业主大会中预留理事会职位提名截止时，无人获得该职位提名，则该职位将不再是预留理事会职位；而该职位的选举不受本条的约束。

（6）如在业主大会中预留理事会职位提名截止时，多于1名有资格参选的人获得该职位提名（在本条中称为候选人），则必须进行投票表决，得票最多的候选人当选该职位，并必须予以公布。

（7）理事会中其他非预留职位必须填补——

（a）在选举投票后未宣布当选任何预留理事会职位的候选人中（在本条中称为未落选候选人）选择；且

（b）根据他们在同一次选举中获得的票数，按下列优先顺序排列：获得最高票数的落选候选人排在第一位，其他落选候选人按得票数降序排列。

（8）为候选人进行计票后，如发现候选人的票数相等，需加上一票才能宣布其中 1 位候选人当选理事会职位时，须由业主大会主持人宣布以抽签方式决定哪位候选人将获得额外 1 票，除非其中 1 名候选人选择退出。

理事会成员候选人提名

第五十三 B 条

（1）竞选管理法团的理事会成员或次级管理法团的执行委员会成员的提名如不符合第（2）款、第（3）款和第（4）款的规定，则该项提名无效。

（2）只有单位业主或有权在管理法团/次级管理法团的业主大会上投票的人，可提名一人当选为管理法团理事会或次级管理法团的执行委员会（视情况而定）成员。

（3）管理法团理事会成员或次级管理法团执行委员会成员的选举提名——

（a）可采用口头或书面形式；

（b）必须——

（i）如属口头形式，则须以选举为目的在管理法团或次级管理法团的业主大会上作出；或

（ii）如属书面形式，则须在选举举行的会议开始前至少 48 小时，将书面提名交予管理法团或次级管理法团的秘书，或如属首次年度业主大会，则交予会议的召集人；且

（c）必须声明——

（i）被提名人姓名（在本法中称为候选人）；且

（ii）提名人姓名（可能是候选人，也可能不是候选人）。

（4）在管理法团或次级管理法团的业主大会上为进行选举而作出的口头或书面提名，只有在获得候选人同意的情况下，方为

有效——

（a）在举行选举的会议开始前至少 48 小时以书面形式交予管理法团或次级管理法团的秘书或首次年度业主大会的会议召集人；或

（b）在会议上以口头形式提出。

（5）任何竞选管理法团的理事会成员或次级管理法团的执行委员会成员的候选人的任何同意意愿，只能由该候选人亲自在业主大会上并在选举开始之前有效撤回。

理事会成员的更替

第五十四条

（1）任何担任理事会主席、秘书、财务总监或成员的人出现以下情形时，须辞去理事会理事的职位——

（a）如该人在被任命或竞选时是单位业主，而现已不再是单位业主时；

（b）如该人当时被单位业主提名而提名他的单位业主——

（i）现已不再是单位业主时；或

（ii）以书面形式通知管理法团该理事会成员的职务已空缺时；

（c）如该人未事先获得理事会准许而连续 3 次会议未能出席或此后继续缺席理事会会议，则不得无故拒绝给予该等准许；

（d）管理法团收到该人辞职的书面通知后；

（e）在管理法团下一次年度业主大会结束时，或在另一人在业主大会上选举担任该职务时（如早于管理法团下一次年度业主大会结束）；

（f）如该理事会成员符合第五十三条第（2）款或第（3）款的情况，单位业主的数量增至超过 3 名，在增加后举行的首次年度业主大会上选举理事会成员时；

（g）如管理法团解除该人的职务；

（h）如该人死亡；

（i）如该人精神失常，无自理能力；或

（j）如该人在2005年4月1日或之后被新加坡或其他地方的法院裁定犯有诈骗或欺诈罪，皆须辞去理事会理事的职位。

（2）管理法团要免去其理事会成员的职务时——

（a）以下情况，无须召开业主大会——

（i）如该人在被任命或选举时是单位业主，且其全部或部分费用或管理法团根据本法就其单位征收或可收回的任何其他款项拖欠超过3个月；或

（ii）如该人是单位业主的被指定人，且该单位业主的全部或任何部分费用或管理法团根据本法就该单位业主的单位征收或可收回的任何其他款项拖欠超过3个月；或

（b）在任何其他情况下，通过业主大会的普通决议，包括以下任何理由：

（i）行为不端；

（ii）玩忽职守；或

（iii）无能力或未能令人满意地履行其职责。

（3）理事会主席、秘书、财务总监或理事会其他成员的职位出现空缺时，除因第（1）款第（e）项或第（f）项的规定外，理事会可委任一名有资格获选举的人填补该空缺，任何获如此委任的人的任期为其前任任期的余下部分。

（3A）然而，如根据第（3）款获委任填补空缺的人没有亲自或以书面形式同意该项委任，则该项委任无效。

（4）即使有附表二的任何规定，暂时理事会成员应在理事会会议上构成法定人数，仅为以下目的——

（a）根据第（3）款委任一人填补理事会主席、秘书、财务总监或其他成员的职务空缺；或

（b）召开管理法团业主大会。

理事会主席、秘书和财务总监

第五十五条

（1）管理法团理事会的主席、秘书和财务总监应为管理法团的主席、秘书和财务总监。

（2）如管理法团在其年度业主大会上没有委任理事会主席、秘书和财务总监，则理事会成员在就任后的首次理事会会议上应委任理事会主席、秘书和财务总监。

（3）任何人——

（a）除非为理事会成员，否则不得将其任命为理事会主席、秘书或财务总监；且

（b）在符合本条的规定下，可委任其中一个或多个职位。

（4）委任为理事会主席、秘书或财务总监的人，任期应至——

（a）该人不再是理事会成员时；

（b）管理法团收到该人辞职的书面通知时；或

（c）理事会或管理法团在业主大会上委任另一人担任该职位时。

以先发生者为准。

（5）尽管本法有任何规定，被任命为管理法团理事会主席、秘书或财务总监的人不得辞职，直到——

（a）首次召开理事会会议的目的是任命另一人填补其空缺；或

（b）首次召开业主大会是为了选举另一人填补其空缺，

任何违反本款而辞职或离职的,均应视作无效。

(6) 如管理法团在没有任何主席、秘书和财务总监的情况下运行超过 6 个月,则在该 6 个月后的全部或其中任何一段时间内,任何人若——

(a) 为组成管理法团的单位业主;且

(b) 知道管理法团以该方式运行,

应对管理法团在该 6 个月后的时间段或部分时间段内所承付的所有债务,负有共同和连带的法律责任,并可因此受到起诉。

(7) 尽管本法有任何其他规定,但不得根据本节任命个人担任以下职务——

(a) 主席,如该人已是财务总监或秘书;

(b) 财务总监,如——

(i) 该人已是主席或者秘书;且

(ii) 该项重新委任会导致该人连任 3 届财务总监;或

(c) 秘书,如该人已是主席或财务总监。

理事会秘书的职责

第五十六条

管理法团理事会秘书的职责应包括以下内容:

(a) 准备和分发管理法团会议记录,并在下次会议上提交动议,以确认管理公司会议的会议记录;

(b) 代表管理法团和理事会发出根据本法要求发出的通知;

(c) 保存分层地契房屋信息档案;

(d) 根据第四十七条代表管理法团检查文件;

(e) 回复致管理法团的信函;

(f) 召开理事会会议(除首次年度业主大会外)和管理法团会议;且

（g）处理与管理法团或理事会行使其职能有关的行政或秘书性质的事宜。

理事会财务总监的职责

第五十七条

（1）管理法团理事会财务总监的职责应包括以下内容：

（a）通知单位业主缴纳根据本法征收的费用；

（b）接收、确认向给管理法团付钱的银行和账户；

（c）准备第四十七条第（1）款第（c）项适用的证明书；以及

（d）保存会计记录并准备管理法团的财务报表。

（2）如管理法团或管理法团财务总监的权力、义务和职能与管理法团款项的接收、支出或核算以及与账簿的保存有关，则任何人不得行使或履行该权利、义务或职能，除非其为——

（a）管理法团的单位业主或理事会成员，并担任管理法团或理事会的财务总监；

（b）被授权行使或履行权利、义务或职能的物业公司；或

（c）理事会指令管理法团财务总监与其共同行使或履行这些权利、义务或职能，并能让财务总监服从指令的人。

（3）除非受到时间或其他限制，管理法团的财务总监可将其作为财务总监的任何权力（除此项转授权力外）、义务或职能，在授权取得管理法团理事会的专门同意后，转授予另一名获得批准的理事的理事会成员行使或履行。

（4）当受托人按照第（3）款下的委托条款行事时，他即被认为是管理法团的财务总监。

（5）管理法团理事会可向管理法团财务总监下达书面通知，指令该财务总监除非与另一被通知人共同行使或执行该通知所指

明的任何权利、义务或职能,否则将不得行使或执行。

理事会的决定即管理法团的决定

第五十八条

(1)除非本法另有规定,除限制事项外,理事会对任何事项的决定即为管理法团的决定。

(2)尽管理事会担任该职位,管理法团仍可在业主大会上继续行使或履行本法或规约授予或强制其履行的所有权力、义务和职能。

(3)如在分层地契建筑中拥有不少于三分之一单位的单位业主们在理事会作决定前已向会秘书递交反对该决定的书面通知,则理事会不得就任何事宜作出决定,如理事会已作出决定,则决定无效。

(4)在第(1)款中,与管理法团理事会有关的"限制事项",是指——

(a)根据本法或细则的规定,只能由管理法团通过一致决议、特别决策、90%决议、综合决议、协商一致决议或在管理法团业主大会上作出决议的事宜,或者仅由理事会在会议上决定的事宜;且

(b)第五十九条涉及的事宜和管理法团为满足第五十九条而通过的决定中指明的事宜。

管理法团对理事会的制约

第五十九条

管理法团可在业主大会上通过一般性决议决定哪些事项或事项类别(如有)应仅由管理法团在业主大会上决定。

公开与合同、产权及职位等方面相关的利益

第六十条

(1)根据第(2)款和第(3)款,如理事会成员与任何合同、拟定合同或其他未经理事会或管理法团会议讨论的事项中有

直接或间接的金钱利益，其应在该会议上——

（a）公布其利益性质；

（b）不得参与有关该合同、拟定合同或其他事项有关问题的考察、讨论或投票；且

（c）如主席或会议主持人与此有直接利益关系，应在考察或讨论期间退出会议，除非理事会要求其出席提供信息。

（2）第（1）款的要求不适用于以下情况：就合同或拟定合同与管理法团有利害关系的公司，如理事会成员仅是其公司成员或者贷方，除此之外没有其他利益，且该成员的利益可被看作是非物质利益。

（3）为了满足第（1）款的条件，该理事会成员须向理事会其他成员发出一般性通知，表明本人是合同指定公司的官员或成员，与之后可能与该公司签订的合同有利益关系，如该通知指明了与合同公司有关利益的性质和范围，并且在签订合同时，实际情况与通知所指明的利益性质及范围一致，则该通知应被视为对与合同有关利益的充分告知。

（4）此类通知皆无效，除非——

（a）通知是在理事会会议上递交；或

（b）该成员采取合理方法，确保报告递交后，在下一次理事会会议得到提及并传阅。

（5）任何担任职位或拥有财产的成员，如其职责与利益可能与其作为理事会成员的职责和利益产生直接或间接的冲突，须在理事会会议上告知冲突的实际情况、性质、特点和程度。

（6）以下情况，应在理事会第一次会议上告知——

（a）在其成为理事会成员后；或

（b）如其已是理事会成员，则根据具体情况要求，在开始任

职或拥有财产之前。

（7）理事会秘书须将根据本条作出的每项声明记录在会议记录内。

（8）就本条而言，理事会成员直系亲属的权益须视为该成员的权益。

（9）除第（3）款另有规定外，对于约束理事会成员的法律法规，本条是其增补而非背离。此类法律法规限制物业会成员与管理法团所签合同产生任何利益关系，或者限制性物业理事会成员担任或拥有和理事会成员职责利益冲突的职位或财产。

（10）任何理事会成员如不遵守本条规定，即属犯罪，一经定罪，最高可处罚款5000美元或监禁12个月，或两者并处。

理事会成员和官员的责任和义务

第六十一条

（1）理事会成员在履行其职责时，应始终诚实行事，勤勉理智。

（2）理事会成员、管理法团的官员、代理人或物业公司不得利用其职位，直接或间接为自己或他人获取利益，不得对管理法团造成损害。

（3）任何违反本条规定的人将——

（a）对违反规定而赚取的利润或因此对管理法团造成的损害，承担法律责任；且

（b）对违规行为承担罪责，一经定罪，可处最高罚款5000美元或监禁12个月，或两者兼施。

（4）本条是对与理事会成员义务或责任有关法律法规的补充而非背离。

（5）在本条款中——

"代理人"包括管理法团的银行经理、律师或审计员,以及任何曾担任管理法团银行经理、事务律师或审计员的人员;

"官员"包括所有曾担任管理法团官员的人。

第四部分　单位业主和使用人

分层地契份额

第六十二条

(1) 如建筑分层单元附表所示,一个单位的分层地契份额决定——

(a) 该单位的单位业主之表决权;

(b) 该单位业主在分层地契计划包括的共有物业中不可分割的份额量;且

(c) 根据第四十一条及第一百〇八条第(3)款规定,管理法团向该单位业主征收的费用数额。

(2) 除了本法或《地契(分层)法》(第一百五十八章)有规定。自管理法团成立之日起,不得以任何方式改变任何单位的分层地契份额。

单位业主及其他使用人的义务

第六十三条

单位业主、管有抵押权人(自己或他人)、单位承租人或使用人不得——

(a) 做任何可能造成以下后果的事或下达任何可能造成以下后果的许可——

(i) 该单位为另一单位或共有物业提供的支撑或遮蔽受到妨碍;或

（ⅱ）给排水、排污、燃气供应、供电、垃圾处理、热空气或冷空气供应，以及其他通过或借助该单位管道、电线、电缆或输送管道的服务设施（包括电话、广播及电视服务）的管路和供应受到妨碍；

（b）自己或允许他人以不当方式使用或享用该单位，对其他单位使用人造成打扰或危害（不论该人是否是单位业主）；

（c）以不当目的和方式使用或享用共有物业，无理干扰其他单位使用人（不论其是否是单位业主）或任何有权使用和享用共有物业的人使用或享用该共有物业；

（d）以不当方式或目的使用或享用共有物业，无理干扰该单位的其他使用人（不论其是否是单位业主）或有权使用享用该单位的人使用或享用该单位。

个人可以代表企业单位业主和抵押权人

第六十四条

（1）企业始终能够授权个人代其行使或履行本法授予其作为单位业主或抵押权人的任何权利、义务或职能，并且可以撤销授予个人的权力。

（2）个人行使或履行某物业单位业主或抵押权人根据第（1）款授予他的权利、义务或职能时，该权利、义务或职能须视为由该单位的单位业主或抵押权人（视情况而定）行使或履行。

（3）第（1）款或第（2）款中的任何规定均不影响作为某单位业主或抵押权人的公司执行或履行本法规定的任何责任或义务。

（4）企业根据第（1）款实行的授权或撤销授权盖上单位业主印章后，则该文件可接受为证据，并须被视为已授权或已撤销授权（视情况而定），直至相反证明成立为止。

单位业主和抵押权人应提交的通知

第六十五条

（1）单位业主或任何人根据本条规定，应向管理法团提交通知，指明通知可送达的新加坡境内地址，也应以书面形式向管理法团提交地址变更通知，以便向其送达通知。

（2）如某单位登记的单位业主向购买人或其指定人出售该单位，或赠与受赠人，该单位的房产或权益一经转让，根据《地契法》（第一百五十七章）该单位业主须在转让法律文件登记后10天内，向管理法团提交转让的书面通知，该通知应标明转让单位以及——

（a）指明受让人的完整姓名及其通知可送达的新加坡境内地址和转让登记的日期；且

（b）附有受让人或其律师对通知中所载信息准确性的证明。

（3）根据第（8）款，管理法团向单位业主发出通知，要求单位业主根据第（2）款提交通知，如单位业主未能遵守，则转让中的受让人应向管理法团提交转让的书面通知。通知应指明具体单位，并指明受让人的完整姓名，新加坡境内可送达通知的地址以及根据《地契法》登记转让的日期。

（4）某单位已执行抵押登记后，抵押权人应向管理法团提交书面抵押通知，通知应指明具体单位以及——

（a）指明抵押权人的完整姓名和新加坡境内可送达通知的地址，以及抵押登记的日期；

（b）指明该单位相比于通知所指抵押有优先权的任何抵押；且

（c）附有抵押人确认通知信息准确性的书面证明。

（5）抵押人在登记清偿某单位抵押或某单位抵押的次级抵押

后，应向管理法团提交债务清偿书面通知，该通知应指明已经清偿的单位和抵押，以及——

（a）指明清偿登记的日期；

（b）附有抵押权人确认清偿抵押的书面证明。

（6）某单位的转让或次级抵押交易登记后，受让人或次级抵押权人应向管理法团提交书面交易通知，该通知应标明具体单位并——

（a）指明受让人或次级抵押权人的完整姓名，新加坡境内可向其送达通知的地址，以及转让或次级抵押登记的日期；且

（b）附有由转让人或次级抵押人确认通知所包含信息的准确性的书面证明。

（7）抵押权人拥有物业单位后，需向管理法团呈交书面通知，书面通知中应明示该单位位置并给出开始拥有该单位的日期。

（8）凡管理法团认为在本条下某人应向管理法团递交通知，而未收到该通知时，管理法团可向其发出通知，明确其根据职责有义务递交通知，并要求其——

（a）在通知送达后的14天之内，表明其根据职责是否有义务向管理法团递交通知；

（b）若其有义务递交通知，则其应递交该通知。

（9）若其有义务根据本条向管理法团递交通知，且管理法团已根据第（8）款向其发出通知，而其仍未发出上述通知时，则其在发出通知前，无权在管理法团的任何全体会议上投票。

（10）除非管理法团已收到指明该单位业主代表的书面通知，否则由企业单位业主或其代表在管理法团全体会议上的投票不得生效。

（11）第（10）款所提述的通知，可包括在相关单位业主或任

何其他相关人根据本条有权向管理法团递交的任何其他通知中。

（12）在本条中，涉及新加坡境内的通知服务地址包括新加坡的传真地址以及电子邮件地址（如有提供）。

第五部分　物业公司

管理法团物业公司的委任

第六十六条

（1）除非第（3）款另有规定，管理法团物业公司可由以下几方委任——

（a）由管理法团以一般性决议方式提出；或

（b）若单位业主在上一次管理法团全体会议中授权管理法团理事会行使该职权时，则理事会可决定该项而无须经过业主大会。

（2）管理法团根据第（1）款委任的任何物业公司，可任职至——

（a）其上任之后第三次管理法团年度业主大会结束时；

（b）其任期届满之时；或

（c）按照本条终止其委任之时，

以先发生者为准。

（3）物业公司的费用和开支应由以下各方确定——

（a）若物业公司根据第（1）款第（a）项委任，则由管理法团全体会议决定或者，管理法团理事会在上一次管理法团全体会议中得到单位业主授权后行使该项职责；或

（b）若物业公司根据第（1）款第（b）项委任，则由管理法团理事会决定，无须经过全体会议。

（4）若物业公司与分层地契建筑某单位的单位业主有任何直

接或间接关系，则应在任职前以书面形式声明其关系性质。

（5）物业公司期满后有资格再次获得任命。

（6）在物业公司任职期限方面，管理法团可根据本条随时终止其任职——

（a）若全体会议以一般性决议案授权；或

（b）如经单位业主在上一次业主大会中授权，则无须业主大会。

物业公司所授权承接的职责和法律责任

第六十七条

（1）除非第（2）款另有规定，管理法团可以书面文书形式授权给其根据第六十六条第（1）款委任的物业公司——

（a）其所有的权力、职责及职能；

（b）该书面文书所指明的其任何一项或多项权力、职责及职能；或

（c）除该书面文书所指明的其所有权力、职责及职能。

（2）在本条下，管理法团不得授权物业公司行使以下权力——

（a）在本条下的委托授权；

（b）根据本法或规约的任何规定，任何只能由管理法团根据一致决议、特别决议、90%决议、协商一致决议或者由管理法团全体会议执行决议的各事项；或

（c）就第五十九条所提述的任何决定以及由管理法团以该条为目的所执行的决定。

（3）根据管理法团一般性决议案，物业公司将拥有并可行使各项权力，行使管理法团主席、秘书、财务总监和理事会的所有职责和职能以及本决议中规定的各项权力、职责和职能。

(4）根据本条授权行使或履行的权力、职责或职能虽不可撤销，但可以根据委托授权规定间或行使或执行。

（5）根据本条所作出的委托授权受制于委托授权文书中列明的情况或局限因素，包括所有或任何一项权力、职责或职能的行使和履行或相关时间及条件。

（6）根据本条所作出的任何授权，管理法团可继续行使或执行全部或任何授权、职责或职能。如授权根据第（3）款进行，则管理法团的主席、秘书、财务总监或理事会可继续行使或执行全部或任何授权、职责或职能。

（7）物业公司所作出的任何行为或事情，如不超过第（1）款授权范围，都应——

（a）具有与管理法团所作出的行为或事情有相同的效力和影响；且

（b）被视为由管理法团所作出。

（8）物业公司所作出的任何行为或事情，如不超过第（3）款授权范围，都应——

（a）具有与管理法团的主席、秘书、财务总监以及理事会所作出的行为或事情有相同的效力和影响（视情况而定）；且

（b）被视为由管理法团的主席、秘书、财务总监以及理事会所作出行为或事情（视情况而定）。

（9）凡——

（a）管理法团违反本法的规定或任何对管理法团施加责任的成文法，即属于本法或其他成文法的违规行为；且

（b）若该职责的履行已委托给物业公司，

虽委托授权仍然有效，该条文中对管理法团的提述应被解释为是对物业公司的提述。

物业公司被禁止的行为

第六十八条

（1）除非本法另有规定，物业公司不得亲自或使其雇员或代理人——

（a）以文字、信息、书信或任何其他方式在任何管理法团理事会成员选举和次级管理法团执行委员会成员选举中，力图以任何特定方式说服或劝阻任何人（本人或委托他人）投票；

（b）以任何候选人在该次选举中当选为目的，到任何该次选举投票人家中或工作地点对其进行探访；或

（c）为任何候选人在该次选举中当选而进行的任何其他活动。

（2）物业公司作为投票代理人，若投票令其或协助其获得金钱利益，或者为其授予或协助为其授予任何其他物质利益，则被视为无效。

（3）任何物业公司若违反第（1）款，即属违规。

（4）在本条中，除非文中另有规定，否则——

"以任何候选人在该次选举中当选为目的"，指在管理法团的理事会成员选举或（视情况而定）次级管理法团执行委员会成员选举中，有促进或促使候选人当选的意图或进行与之有关的事宜，包括在该次选举中损害另一名候选人的选举前景；

"物质利益"包括但不限于以下内容：

（a）延长或增加作为投票代理人的物业公司委任期；

（b）增加代理人的薪酬；

（c）使管理法团决定不进行、撤回、延迟、妥协或解决与代理人有关的诉讼或其他法律程序；或

（d）使管理法团作出任何其他影响与代理人有关的诉讼或其他法律程序的决定。

第六部分　保险

对此部分的解释

第六十九条

在本部分中，除非文中另有规定——"损害保单"，对于分层地契建筑而言，指的是在保险合同规定下，如分层地契建筑被火灾、闪电、爆炸或保单中指明的任何其他事件破坏或损坏——

（a）对于——

（i）分层地契建筑完全毁坏时，重建或以类似建筑更换；以及

（ii）分层地契建筑被损坏但未被毁时，修复损坏部分或重建其被毁部分，

因此，在建筑完全被毁的情况下，重建建筑或更换建筑的各个部分，在损坏的情况下，修复或恢复部分的状况和规模应至少和原建筑物局部或部分或当该局部或部位为新时一样；且

（b）支付因拆除残留物而产生的费用，以及因重建、更换、修复或恢复需要而提供服务的建筑师及其他人的报酬；

"分层地契建筑"包括——

（a）单位业主对房屋进行的改善及单位业主拥有的构成分层地契建筑一部分的固定装置，但不包括油漆、墙纸及临时墙、地板及天花板覆盖物；

（b）完全由共有物业组成的建筑物；且

（c）为施行本定义而构成建筑一部分的任何物品，

但不包括——

（i）承租人在租约到期时可拆除的固定物；或

（ii）不符合本定义的不构成分层地契建筑一部分的任何物品。

分层地契建筑保险

第七十条

（1）除非协商一致通过决议，否则就分层地契计划而言，管理法团应为分层地契计划中所示的每一个分层地契建筑投保，并将建筑纳入损害保单。

（2）除第六十九条中"损害保单"定义中规定的工作和付款或该定义中指明的任何事件发生后的工作和付款，损害保单可规定，承保人在发生任何此类事件后的责任应限制在保单中规定的金额，即不少于以规定方式计算的金额。

管理法团作出的进一步保险

第七十一条

（1）除管理法团根据第七十条投保的保险外，管理法团还须对以下各项进行投保——

（a）就对法律规定须予投保的任何事件进行投保，包括应按《工伤赔偿法》（第三百五十四章）的规定投保任何相应保险；

（b）就管理法团可能承担共有物业的财产损失、人身伤害或死亡的赔偿责任进行投保；

（c）就因管理法团决定投保的任何可能由单位业主共同承担的责任申索的其他事件进行投保；

（d）就在行使行政职能时，管理法团主席、秘书和财务总监以及管理法团理事会成员因善意而实施或遗漏的行为或不作为，从而导致其可能承担的责任进行投保。

（2）须根据第（1）款第（b）项投保管理法团认为已涵盖相关规定确定款额的保险。

（3）管理法团可以对本法未要求投保、但具有可保利益的任何财产进行投保。

（3A）管理法团需通过一般性决议案作出本条中规定或授权的各项决定。

（4）就根据第（1）款第（b）项实施的保险单而言，共有物业须归属管理法团。

（5）根据本法制定的规定可以调整第（2）款规定下根据第（1）款第（b）项投保保险所要求的最低保险额。

（6）如单位业主非管理法团成员，则其可向管理法团提出与单位业主为管理法团成员条件下相同的任何诉讼。

（7）若管理法团的承保人承认管理法团因单位业主的行为或不作为而提出的申索，且该单位业主为管理法团成员时，除非其行为或不作为被证实为故意所为，否则承保人不得因该单位业主的行为或不作为而拥有代位权。

单位业主保险

第七十二条

（1）本节并不限制或影响单位业主的任何投保权利。

（2）单位业主所投保的保险，对决定管理法团根据本节承保人和管理法团签订的保险合同中应支付的金额不得产生影响，无论该保险合同做何规定，也不得予以考虑。

单位抵押保险

第七十三条

（1）单位业主可就其单位的损害订立保险合同，其金额相等于合同当日单位抵押的金额及对其单位产生影响的费用，凡上述合同生效时——

（a）即受合同条款及细则约束——

（i）承保人须根据合同就损害情况，按抵押权人及承押记人各自优先顺序记录的利益付出款项；且

(ii) 付款金额应为合同所述金额、损失金额或损失发生之日的足额金额,以抵消抵押单位金额及影响该单位的费用,并以最低金额为准;

(b) 如承保人支付的金额等于解除该单位抵押所需的金额,则该承保人有权分配抵押;且

(c) 如承保人支付的金额少于解除该单位抵押所需的金额,则承保人有权获得该抵押的次级抵押贷款,以确保按照第(2)款所规定的条款和条件来支付金额,或按抵押所载相同的条款和条件来取消协议。

(2) 就第(1)款第(c)项而言,单位业主订立合同之前或之后,任何承保人及承按人可在任何时间同意次级抵押贷款的条款和条件。

(3) 第(1)款所提述的保险合同,不承担法律责任,也不得与任何其他该等保险合同一并作出供款,除非其他保险合同——

(a) 涉及同一单位的损害;或

(b) 涉及相同债务,

正如本款首次提及的保险合同中所述。

重建

第七十四条

除非《地契(分层)法》(第一百五十八章)第七十七条或第七十八条作出的任何指令(关于终止分层地契计划)另有规定,否则当管理法团收到承保人就分层地契建筑的毁坏或损坏支付的款项时,管理法团应根据具体情况立即使用这些款项重建、更换、修理或修复分层地契建筑。

管理法团的可保利益

第七十五条

管理法团应被视为对其根据本部分订立的任何保险合同中的主

体事项都具有可保利益。

第七部分　次级管理法团与限制性共有物业

本部分的适用范围

第七十六条

（1）除第（2）款另有规定外，本部分只适用于开发以下地块——

（a）有意加入分层计划的；且

（b）在本部分开始生效时或生效后得到或批准的建筑项目。

（2）尽管有第（1）款的规定，因部长可按照《政府公报》的相关条例扩充本部分的使用范围，本部分仍可适用于分层地契计划包含的其他地块或其他种类的地块。

（3）因将本部分扩展至第（1）款未提述的任一地块而引起的其他过渡性、偶发或结果性事宜，部长可根据第（2）款中的指令进行相关规定。

（4）根据第（2）款作出的每项指令，须在《政府公报》刊登后，尽快呈交议会。

划分限制性共有物业与为之设立次级管理法团的目的

第七十七条

（1）一项分层地契计划仅在代表以下不同成员的利益时，可包括限制性共有物业以及一个或多个为之设立的次级管理法团——

（a）住宅单位业主和非住宅单位业主；

（b）非住宅单位业主——

（i）如他们将其分层单位用于显著不同的目的；或

（ii）如一些上述业主的单位包含在与分层地契计划中其他分

层单位实际上分离的建筑内,则设立任何限制性共有物业以代表这些单位业主的利益,不会对使用或享有该分层单位的其他业主以及规定条件产生不利影响,为此目的而规定的条件(如有的话)会得到满足;或

(c) 不同类型住宅单位的单位业主。

(2) 就第(1)款第(c)项而言,如分层单位符合规例所订明的标准,则属不同类别。

限制性共有物业的划分

第七十八条

(1) 如果出现以下情况,被包含或将被包含在分层地契计划中的共有物业可以被认定为限制性共有物业——

(a) 根据第七十六条第(1)款,共有物业是一处分层地块的一部分——

(i) 由业主开发商在向总测量师递交该分层地契计划时,在该地块的分层地契计划中指出;或

(ii) 由该分层地契计划成立的管理法团依据一项综合决议并根据第(2)款第(b)项确定;或

(b) 如该共有物业属按第七十六条第(2)款的规定所提述的地块的一部分,则由该分层地契计划成立的管理法团依据一项综合决议并根据第(2)款第(b)项确定。

(2) 除第(3)款另有规定外,包括或将包括在分层地契计划中的共有物业应指定为限制性共有物业——

(a) 如业主开发商在向总测量师递交的分层地契计划中根据第(1)款第(a)项指定,则须——

(i) 描述限制性共有物业或确认、界定该分层地契计划的限制性共有物业的界限或领域;且

(ii) 指明该分层地契计划所包含的每个单位，其单位业主有权享有限制性共有物业的排他性利益；或

(b) 如由管理法团就该分层地契计划通过的综合决议确定，则须——

(i) 描述限制性共有物业或者明确或界定分层地契计划中限制性共有物业的界限或领域；

(ii) 指明该分层地契计划所包含的每个分层单位的单位业主有权享有限制性共有物业的专属权益；且

(iii) 向总测量师递交。

(3) 为避免产生疑惑，业主开发商根据第（1）款第（a）项第（i）目或根据第（2）款第（b）项作出的综合决议指定限制性共有物业——

(a) 无须修订任何分层地契计划；且

(b) 无须确认或界定限制性共有物业的范围，但该指定或（视情况而定）决议规定了确认或界定限制性共有物业的方法。

(4) 任何指定共有物业作为限制性共有物业的行为——

(a) 在分层地契计划内（同一）地块的业主开发商，只有在根据《地契（分层）法》（第一百五十八章）为该分层地契计划而成立管理法团时，才能生效；或

(b) 根据第（2）款第（b）项作出的综合决议，只有在根据《地契（分层）法》第十A条规定，向总测量师递交综合决议和注册官要求的文书时才生效，才可根据该法令注册限制性共有物业。

(5) 业主开发商将共有物业指定为限制性共有物业的行为，只可根据第（6）款或第（7）款或第八十四条进行删除或修订。

(6) 在以下情况下，构成任何分层地契计划的共有物业管理

法团，和构成任何分层地契计划的限制性共有物业的次级管理法团，可分别接受及执行该类文件，以改变其共有物业与限制性共有物业之间的任何界限——

（a）管理法团根据第（2）款第（b）项作出的综合决议，决定改变其共有物业与限制性共有物业之间的界限；

（b）次级管理法团根据第（2）款第（b）项的综合决议，亦决定改变其共有物业与限制性共有物业之间的界限。

（7）除第（8）款另有规定外，构成任何分层地契计划的共有物业的管理法团，和构成任何分层地契计划的限制性共有物业的次级管理法团，可在不影响各自分层地契计划内限制性共有物业与共有物业之间的界限的情况下，接受并执行这些文件以合并其各自的限制性共有物业，或在以下情况下改变其各自的限制性共有物业之间的任何界限——

（a）初提及的次级管理法团，根据第（2）款第（b）项作出的综合决议，决定——

（i）更改其限制性共有物业与另一次级管理法团限制性共有物业之间的界限；或

（ii）将其限制性共有物业与其他次级管理法团的限制性共有物业合并，并将两个次级管理法团合并为该合并限制性共有物业的单一次级管理法团，其获得、持有及拥有所有合并次级管理法团的权益及所有责任和义务；且

（b）根据第（2）款第（b）项提出的综合决议案，其他次级管理法团也同样作出决定——

（i）更改其限制性共有物业与另一次级管理法团限制性共有物业之间的界限；或

（ii）将其限制性共有物业与其他次级管理法团的限制性共有

物业合并，并将两个次级管理法团合并为该合并限制性共有物业的单一次级管理法团，其获得、持有及拥有所有合并次级管理法团的权益及所有责任和义务。

（8）第（7）款并不授权任何次级管理法团以违反第七十七条的方式合并其限制性共有物业。

（9）为避免产生疑惑，总测量师不得因其接受任一显示限制性共有物业的界限或包含限制性共有物业描述的综合决议或任何附带条文，而保证或证明任何限制性共有物业的界限的正确性或限制性共有物业的有效性。

次级管理法团及其职能

第七十九条

（1）根据《地契（分层）法》（第一百五十八章）对分层地契计划所包括的任何限制性共有物业构成的次级管理法团，其须——

（a）不时由该分层地契计划所包括的所有分层单位的单位业主组成，其限制性共有物业排他性受益由该分层地契计划指定或根据第七十八条第（2）款作出的综合决议认定；

（b）为能够起诉及被起诉、可以永久延续并拥有公章的法人团体；或

（c）被称为"次级管理法团编号＿＿＿＿——分层地契计划编号＿＿＿＿＿"（该编号为分层地契计划编号）。

（2）在定义任何限制性共有物业后，管理法团应保留其在共有物业方面的权利和义务。

（3）在仅与构成次级管理法团的全体单位业主的限制性共有物业的专属权益及相关事宜上，除去第三十四条第（1）款第（a）项，第（3）款和第（5）款，本部分第三十五条、第三十七条、

第四十六条及第八十六条及第六部分规定的权利外，次级管理法团与管理法团有相同的权利和职责，且若无另有明文规定，本条的条文在适当修订下均适用。

（4）在不损害第（3）款的一般通用性的原则下，次级管理法团须——

（a）为其限制性共有物业的共同开支设立自己的维修资金和累积基金，包括与其限制性共有物业相关的费用；

（b）要求次级管理法团的分层单位业主缴付次级管理法团授权支出的税费；

（c）执行与其限制性共有物业相关的规约；

（d）其他对限制性共有物业的控制、管理与经营。

（5）次级管理法团不得以管理法团的名义订立任何合约或提起诉讼，且管理法团对次级管理法团单方面所产生的合约或债务或法律费用概不负责。

（6）次级管理法团仅可在以下条件下获得保险——

（a）用以规避因管理法团未投保而带来的风险；

（b）管理法团投保金额的超出部分。

（7）就第（6）款而言，次级管理法团在其限制性共有物业中具有与管理法团在共同物业中具有相同的可保利益。

（8）尽管本法有其他规定，分层地契计划中包含的任何限制性共有物业的次级管理法团可以管理和维持——

（a）同一分层地契计划内的任何共有物业；

（b）该分层地契计划内另一次级管理法团的任何其他限制性共有物业，

以上根据次级管理法团与管理法团或其他次级管理法团可以达成的条款及条件（视情况而定）。

次级管理法团的管理

第八十条

（1）有资格组成次级管理法团的业主可以与有资格组成管理法团的业主以相同的方式召开、举行会议及通过决议。

（2）附表一亦对次级管理法团的业主大会有效。

（3）除第（4）款另有规定外，各次级管理法团须为次级管理法团选出执行委员会，同管理法团理事会和管理法团的关系一样，附属委员会的执行委员会与次级管理法团具有相同的权力及职责。

（4）次级管理法团的执行委员会须至少有 1 名成员是管理法团的成员。

（4A）第（4）款在以下情况下不适用——

（a）次级管理法团因第五十三 A 条所指的混合用途开发项目中部分地块而设立；且

（b）根据第五十三 A 条的规定，该混合用途开发项目的管理法团理事会的预留理事会职位由以下担任——

（i）组成次级管理法团的分层单位的单位业主；或

（ii）第（i）目中的单位业主的被指定人。

（5）第三部分的规定（第五十三 A 条除外）经适当修改后，不仅适用于管理法团及其工作人员，也适用于附属管理委员的执行委员会和工作人员。

（6）附表二亦对次级管理法团执行委员会的法律程序有效。

次级管理法团的费用分担

第八十一条

次级管理法团所产生的仅与限制性共有物业有关的费用，须由依据该部分规定而对限制性共有物业具有排他使用权的单位业主定期共同分担，每分层单位的所占份额按照如下公式计算：

$$\frac{A}{B} \times C$$

其中，A 代表分层单位的分层地契份额；B 代表本部分规定的用以排他使用的限制性共有物业的所有分层单位的总分层地契份额；C 代表由次级管理法团决定的、所有依据本部分规定而有权享受限制性共有物业排他性收益的分层单位的单位业主应付的总费用。

限制性共有物业规约

第八十二条

（1）管理法团的规约适用于由次级管理法团经营及维持的限制性共有物业，除非该章程另有明文修订——

（a）由次级管理法团根据次级管理法团业主大会通过的特别决议案；且

（b）任何仅与该限制性共有物业或次级管理法团有关的事宜。

（2）次级管理法团可订立与被指定专用的限制性共有物业相关的规约。

（3）在不妨碍本法任何其他规定生效的情况下，任何由次级管理法团根据本条制定的并正在生效的规约，应对次级管理法团、构成该次级管理法团的单位业主，以及任何管有抵押权人（不论是由本人或任何其他人）、承租人或使用人与以下情况具有同等约束力。该规约——

（a）已由次级管理法团、各单位业主及各抵押权人、承租人及使用人分别签署及盖章；且

（b）包含要求遵守、服从及执行本规约所有条文的共同契约。

（4）第三十二条、第三十三条不仅适用于管理法团的规约，经适当修改后，同样适用于次级管理法团的规约。

对管理法团在限制性共有物业方面的判决

第八十三条

（1）如一项针对管理法团的判决仅涉及其次级管理法团单位业主的分层单位，该判决只针对该分层单位的单位业主。

（2）第（1）款所提述的分层单位份额的判决，须按照第八十一条计算，视判决金额为应支付给维修资金及累积基金的费用，而单位业主的债务应限于该判决的比例份额。

第八部分　分层地契管理方案的终止

管理法团等的终止

第八十四条

（1）分层地契计划的管理法团可以通过协商一致达成的决议案来解决分层方案所示的分层地契计划终止问题。

（2）在以下情况中，分层地契计划中限制性共有物业的次级管理法团可被解散，废除对其限制性共有物业的指定——

（a）根据综合决议，就同一分层地契计划而设立的管理法团——

（i）解散次级管理法团；

（ii）次级管理法团的限制性共有物业不再被指定为限制性共有物业，但属该分层地契计划所包含的共有物业的一部分；且

（iii）管理法团应立即获得并拥有其在解散前的所有权益，并须承担所有责任和义务；且

（b）有关的次级管理法团根据综合决议决定——

（i）其应被解散；

（ii）其限制性共有物业不再被指定为限制性共有物业，但属

于该分层地契计划所包含的共有物业的一部分；且

（iii）管理法团应立即获得并拥有其在解散前的所有权益，并须承担其在解散前存在的所有责任和义务。

（3）违反《地契（分层）法》（第一百五十八章）第五节时，本条不适用。

第九部分　其他事项

管理法团等可在诉讼中代表单位业主的利益

第八十五条

（1）依据附属条款第（1A）款和第（1B）款，如果——

（a）分层地契计划管理下同一地块单位的全部或部分单位业主——

（i）共同享有就该地块的共有物业向任何人提起诉讼的权利；或

（ii）共同承担因该地块的共有物业向他们提起诉讼的义务；或

（b）分层地契计划管理下同一单位房屋中的享有限制性共有物业的全部或部分单位业主，或是享有限制性共有物业排他性受益的单位业主——

（i）共同享有就该地块的限制性共有物业向任何人提起诉讼的权利；或

（ii）共同承担因该地块的限制性共有物业向他们提起诉讼的义务，

在第（a）项所述诉讼中，由管理法团发起或接受诉讼；或在第（b）项所述诉讼中，由次级管理法团发起或接受诉讼。

（1A）除非经一般性决议授权，管理法团——

（a）不得对任何人发起第（1）款第（a）项所述的任何诉讼；且

（b）不得在第（1）款第（a）项所述的任何程序中代表任何单位业主。

（1B）除非经一般性决议授权，次级管理法团——

（a）不得对任何人发起第（1）款第（b）项所述的任何诉讼；且

（b）不得在第（1）款第（b）项所述的任何程序中代表任何单位业主。

（2）任何这种诉讼中提出的判决或指令，无论是支持还是反对物业管理法团或次级管理法团，都应拥有与支持或反对单位业主的任何决定或指令同等的法律效力。

（3）如单位业主须就第（2）款所提述的判决所引致的判定债项向另一单位业主进行赔偿，赔偿金额应向判定债项转移——

（a）在对管理法团作出判决或指令的情况下，转移比例应与首次提及单位业主单位地段的分层地契份额占总份额的比例相同；或

（b）在对次级管理法团作出判决或指令的情况下，应与第八十一条计算的比例相同。

管理法团在征用非单位物业时的有限代表权

第八十五A条

（1）除第八十五条的规定之外，同一分层地契计划下的管理法团——

（a）可在上诉委员会根据《土地征用法》针对任何涉及分层地契计划征用非单位物业之前发起诉讼，并且有权代表诉讼中每

一分层单位的任何单位业主；且

（b）由上诉委员会根据《土地征用法》决定向上诉法院针对任何涉及分层地契计划征用非单位物业提出上诉，并且有权代表上诉中分层单位的每一位单位业主，

当且仅当诉讼和上诉由组成管理法团的单位业主的一般性决议分别授权。

（2）如没有一般性决议的授权，根据《土地征用法》，同一分层地契计划下的管理法团不得就任何涉及其分层的非单位物业征用提出赔偿要求。

（3）除非第（4）款另有规定，根据《土地征用法》，任何与分层地契计划有关的非单位物业征用的赔偿金额，应支付给该分层管理法团，用作维修资金。

（4）通过特别决议组成管理法团的单位业主，有权对该分层非单位征用的赔偿金额进行内部分配；此外，根据《土地征用法》第十六条的规定，对通过非单位物业征用得到的土地的赔偿，应按单位业主所持该分层地契份额的比例进行分配。

（5）未经决议一致授权，根据《土地征用法》第四十九条第（1）款，管理法团不得征收该分层任何的土地。

出现某些结构性破损时管理法团作为单位业主的代理人代其提出诉讼的权力

第八十六条

若满足以下条件：

（a）地块上任一单位的状况影响或有可能影响该单位为同一建筑或共有物业内的另一单位提供的支撑或保护；且

（b）该单位的业主为了能够行使任何权利或采取任何可行的补救措施以改善这一状况而在合理时间内忽视或拒绝提出诉讼，

管理法团作为该单位业主的代理人,可以代其提出第(b)项所提述的任何诉讼,但单位业主须自行承担费用。

单位业主向管理法团提起诉讼的费用

第八十七条

(1) 在以下任何诉讼中——

(a) 由一位或多位单位业主向管理法团或次级管理法团提出诉讼;或

(b) 由管理法团或次级管理法团向一位或多位单位业主(包括牵涉第三方诉讼的单位业主)提出诉讼,

法院或分层地契委员会可以命令管理法团或次级管理法团视具体情况支付其根据法院或分层地契委员会某一项指令规定而在这些诉讼中应付的任何款项(包括费用)。管理法团或次级管理法团应就该指令规定的单位,以该指令可能规定的比例,使用为此而征收的费用支付款项。

(2) 在法院或分层地契委员会根据第(1)款作出指令时,管理法团或次级管理法团,为了能够按照法院及分层地契委员会的指令支付款项,应根据该指令的条款征收费用,并将该费用用以支付款项。

(3) 第四十条[除第(2)款以外],不仅适用于根据该条征收的款项,而且也应该适用于根据第(2)款征收的款项。

对违反此节法律的处理

第八十八条

(1) 若管理法团或次级管理法团违背本节的任何条款,或无法履行本节任何条款中规定的任何要求或义务,单位业主或管有抵押权人或该单位的使用人有权向法院申请——

(a) 发布命令以阻止管理法团或次级管理法团违背任何条

款；或

（b）对管理法团或次级管理法团因违反此条款而致使单位业主、管有抵押权人、使用人或物业产生的损失或损害进行赔偿。

至于是管理法团还是次级管理法团，视具体情况而定。

（2）在法院认为适当的情况下，可针对任何单位业主、管理法团或其理事会成员、次级管理法团或其执行委员会，以及物业公司等发布命令。

（3）在本节对管理法团或次级管理法团提出要求或强制其履行责任的情况下，任何因此而受益或其单位因此而受益的人，可根据具体情况向法院提出申请，请求法院对管理法团或次级管理法团下达命令，强制其（视具体情况而）履行责任。在接到该申请后，法院将以其认为适当的方式下达命令。

第六节　纠纷与分层地契委员会

第一部分　分层地契委员会

分层地契委员会

第八十九条

（1）应设一个或多个分层地契委员会，由主席或副主席领导。

（2）除非本法或《地契（分层）法》（第一百五十八章）另有规定，分层地契委员会应通过调解仲裁的方式，决定其管辖范围内所有的争端及事项。

（3）除非本法或《地契（分层）法》另有规定，分层地契委员会根据本法或《地契（分层）法》对在其管辖范围内的所有争端和事项均具有管辖权。该分层地契委员会应由以下部分组成——

（a）主席或副主席；以及

（b）主席以争端或事项为目的，从根据第九十条第（4）款组成的专家组中选出的2名或4名成员。

（4）分层地契委员会根据本法或《地契（分层）法》（第一百五十八章）认定为争端或在其管辖范围内的争端或事项的当事人，在规定的期限内，如有充分的理由，均可以书面形式反对分层地契委员会主席根据第（3）款第（b）项选出的该委员会任何成员。

(5) 应在以下情况组建分层地契委员会——

(a) 根据第九十九条第(1)款委任的注册官在规定期限内并未收到根据第(4)款提出的反对意见时；

(b) 统根据第(4)款提出的反对意见被主席采纳，进而任命另一名成员时；

(c) 根据第(4)款提出的反对意见被主席驳回，在主席驳回反对意见时。

主席等职位及专家组的任命

第九十条

(1) 由部长任命分层地契委员会的主席。

(2) 如有必要，部长可以任命数位分层地契委员会的副主席。

(3) 除非通过《法律职业法》（第一百六十一章）的认证，任何人不得任命为分层地契委员会的主席或副主席。

(4) 根据本节要求，为成立有效的分层地契委员会，部长应任命数名成员组成专家组，并应在《政府公报》上公布他们的姓名。

(5) 根据第(4)款组成的专家组的主席、副主席，以及成员，应遵守第(6)款的规定，每任任期不超过3年，符合相关条件可连选连任。

(6) 部长可随时终止对根据第(4)款组成的专家组的主席、副主席或成员的任命，并填补其成员空缺。

对分层地契委员会成员的保护

第九十一条

分层地契委员会的主席、副主席以及成员在根据本法或《地契（分层）法》（第一百五十八章）履行职责之时，享有同本地区法官同等的保护权和豁免权。

分层地契委员会诉讼

第九十二条

（1）根据《地契（分层）法》的条款，分层地契委员会一旦成立，就应立即对其管辖范围内的任何争议或事项履行以下职责，不得延误——

（a）力争调解所有有争议的事项，并使当事各方就这些事项达成协议；

（b）如分层地契委员会在不超过三天的调解期结束时（或者结束后更长时间）未能成功调解争议，则应听取争端各方的意见，对该事项进行仲裁，并作出决定。

（2）根据本法或《地契（分层）法》的条款，分层地契委员会有权决定调解仲裁过程，但应允许争议各方出示证据。

（3）在不损害第（2）款的情况下，分层地契委员会应——

（a）为达到第（1）款第（a）项所述成功调解的目的，分层地契委员会应确保各方为解决争端或事项而达成的任何协议均应采用适当的合同语言，以便随后执行；同时

（b）为达到第（1）款第（b）项所述仲裁的目的，分层地契委员会应做到公平公正，并应给予每一当事方说明情况的机会。

（4）根据第（1）款第（b）项进行仲裁时，分层地契委员会有权就以下内容向任何一方发出指令或作出指示——

（a）费用担保；

（b）公示证据并提出疑问；

（c）提供证据并宣誓所供证据并无造假；

（d）为诉讼目的而保存和临时保管任何证据；

（e）对作为或构成部分争议标的物的单位、共有物业或限制

性共有物业进行取样、观察或实验；

（f）保存和临时保管任何作为或构成部分争议标的物的物业。

（5）为避免引起疑虑，未经当事人同意，分层地契委员会不得泄露其在调解在其管辖范围内的争端或事项时所做的任何证词、诉讼记录或笔记。

（6）《仲裁法》（第十章）不适用于分层地契委员会的调解仲裁程序。

（7）分层地契委员会的仲裁程序应对外公开，会议记录（包括提交给分层地契委员会的任何口头证据的记录）应由分层地契委员会的主席保存。

（8）根据《刑法典》（第二百二十四章）的内容，分层地契委员会的仲裁程序应视作司法审判程序，分层地契委员会成员应被视为国家公务员。

（9）分层地契委员会应迅速开展工作，并应在其组成之日起6个月内或在部长授权批准的延期内作出最终指令或决定。

听证会的延续

第九十三条

（1）除第（3）款另有规定外，如就某争议或事项成立分层地契委员会，并且在争议或事项确定之前，主持该分层地契委员会的主席、副主席或其成员不能审理或继续审理，或不能决定任何争议或事宜，或不再担任该职务，不论是辞职、死亡或其他情况，都须根据第八十九条的规定重组分层地契委员会。

（2）重组后的分层地契委员会应审理和裁定争议或尚未确定的事项。在审理时可参考在以往听证期间提出的证据、论点或任何临时命令。

（3）尽管有第（1）款的规定，若分层地契委员会的主席、副主席或专家组成员在其主持或参与的任何诉讼期间有届满的情况，为保证诉讼顺利进行，应根据具体情况继续担任原职务，直至作出最终裁决。

分层地契委员会听证会上的代表权

第九十四条

（1）根据本法或《地契（分层）法》（第一百五十八章）的规定，诉讼中的一方可以亲自出席分层地契委员会听证会，也可以由最高法院的出庭律师和事务律师，或委员会所允许的可以代表该方向证人提问并在听证会上发言的其他人代表其出席。

（2）应出席听证会的管理法团或次级管理法团，可以由最高法院的出庭律师和事务律师、管理法团理事会或次级管理法团执行委员会成员，或委员会所允许的其他任何人员代表其出席。

分层地契委员会对土地所有权问题无管辖权

第九十五条

尽管本节另有规定，在土地所有权有争议的情况下，除非是为了决定委员会上的事项，根据本节规定分层地契委员会对土地所有权问题无管辖权，其作出的任何决定均不具有任何法律效力，除非本节另有规定。

证人可被分层地契委员会传唤

第九十六条

（1）分层地契委员会可传唤任何人在传票所指明的时间及地点出席委员会，向委员会提交证据，出示根据传票要求其出示的由其保管或掌管的书籍、文件或书面资料。

（2）根据第（1）款收到传票的人，如无合理解释而拒不遵从，即属犯罪，一经定罪，可处罚款不超过5000元或监禁不超过两年，或两者并处。

（3）任何人无须出示传票中未指明或未充分描述的任何书籍、文件或书面资料，或传票指明无须向法庭出示的任何书籍、文件或书面文件。

分层地契委员会可管理宣誓或证词

第九十七条

（1）无论证人是否已经接受传唤出席，分层地契委员会均可管理该证人的宣誓或证词，并可在其宣誓后对其进行盘问。

（2）以证人身份出席分层地契委员会听证会的人——

（a）不得拒绝宣誓或作出证词；

（b）不得拒绝回答由分层地契委员会或任何有权在诉讼中出席委员会听证会的人向证人提出的与委员会上的任何诉讼相关的问题；

（c）不得故意在向委员会提供的任何证据中作出虚假证词。

（3）出席分层地契委员会听证会的证人应享有——

（a）同等保护；且

（b）除本法规定的处罚外，还具有同等义务，

上述对证人的各项规定与在法庭（而非分层地契委员会听证会）上作证相同。

就法律问题向高等法院提出上诉

第九十八条

（1）不得就分层地契委员会根据本节或《地契（分层）法》（第一百五十八章）签发的命令向高等法院提出上诉，因法律问题提出的上诉除外。

（2）如向高等法院提出上诉，法院可批准、更改或撤销该命令，或将该命令连同法院认为合适的指示，一并发回分层地契委员会进行复议。

（3）向法院提交的上诉通知书不得暂缓执行指令或暂缓指令的效力，除非分层地契委员会或高等法院（视情况而定）另签发命令，或者暂缓执行命令或暂缓命令的效力符合分层地契委员会或高等法院认为合适的条件。

分层地契委员会成员

第九十九条

（1）部长可以根据其决定任命分层地契委员会的书记官、其他官员和雇员。

（2）除非主席另有指示，书记官可就向分层地契委员会提出的任何申请作出中间命令。

（3）书记官在履行第（2）款规定的职能和职责时，应与分层地契委员会成员享有相同的保护和豁免权。

（4）根据第（1）款任命的书记官、官员和雇员的薪酬，以及由部长决定的分层地契委员会的其他费用，应由议会提供的款项支付。

（5）在本条中，"中间命令"是指——

（a）根据在分层地契委员会任何诉讼中向委员会提出的某一申请而签发的命令；且

（b）是该诉讼主要对象的附带物；

并且包括就执行该诉讼签发的任何指令，但不包括任何临时命令或就该诉讼的最终决定而签发的任何命令。

津贴

第一百条

由分层地契委员会成员组成的审理纠纷或事项的专家组，其成员在分层地契委员会对该纠纷或事项进行调解或仲裁时，以天为单位获得津贴，津贴数额由部长决定。

第二部分　分层地契委员会签发的命令类型

签发解决纠纷或撤销控诉等命令的一般权力

第一百〇一条

（1）除非第（4）款、第（6）款及第（7）款另有规定，分层地契委员会可以根据管理法团或次级管理法团、单位业主、管有抵押权人、分层地契建筑中某一单位的承租人或使用人提出的申请，就解决纠纷或撤销控诉对以下情况签发指令——

（a）某一单位、分层地契建筑或其共有物业或限制性共有物业存在的任何缺陷；

（b）管理法团或次级管理法团（视情况而定）在行使本法或与分层地契建筑或限制性共有物业有关的规约所授予或施加的权力、职责或职能时，单位业主有责任承担开展工作或工作的任何部分所需要的费用；或

（c）是否行使或履行由本法或与分层地契建筑或限制性共有物业有关的规约所授予或施加的权力、职责或职能（视情况而定）。

（2）根据第（1）款规定，指令由以下人签发——

（a）有权根据本条提出申请的任何人；或

（b）管理法团或次级管理法团，或其理事会或执行委员会的主席、秘书或财务总监。

（3）如该纠纷已成为法院民事诉讼对象，除对于根据本法或规约所授予或施加的权力、职责或职能是否行使或履行而签发的命令外，根据第（1）款签发的任何命令可以规定支付不超过地方法院可能指令的金额的赔偿金。

(4) 就本条而言，虽然管理法团或次级管理法团可酌情决定是否行使或履行本法或规约所授予或施加的权力、职责或职能，但只要其决定不行使或履行该权力、职责或职能，则应被视为已拒绝或未能行使或履行该权力、职责或职能。

(5) 就第（4）款而言，凡向管理法团或次级管理法团提出申请，以行使该款中提到的酌情权，在提出申请后的两个月到期前——

(a) 根据申请行使或履行权力、职责或职能；或

(b) 通知申请人已决定根据申请不行使或履行权力、职责或职能，

则认为管理法团或次级管理法团（视情况而定）已决定不行使或履行权力、职责或职能。

(6) 第（1）款的任何规定均不得授权分层地契委员会就管理法团或次级管理法团是否行使或履行权力、职责或职能而签发命令。根据本法或规约的规定，该权力、职责或职能只能根据一致决议、特别决议、90%决议、综合决议或通过协商一致达成的协议来行使或履行。

(7) 本节其他条所涉及的任何事项的命令，不得根据本条规定而签发。

(8) 在本条与声称直接位于（全部或部分）其他单位或共有物业或限制性共有物业上方的某个单位或共有物业或限制性共有物业内的存在任何缺陷有关的任何诉讼中，在无相反证据的情况下，如在以下地方有任何潮湿、水分或渗水的证据，则应推定该缺陷位于上方的单位或共有物业或限制性共有物业中（视情况而定）——

(a) 在直接位于其下方的单位、共有物业或限制性共有物业

（视情况而定）内部的天花板上；或

（b）在直接位于其下方的单位、共有物业或限制性共有物业（视情况而定）内部的天花板上的任何饰面材料上（包括灰泥、嵌板或石膏板）。

召集会议的命令

第一百〇二条

（1）分层地契委员会在收到申请后，如认为该申请符合管理法团或次级管理法团（视情况而定）的利益，可签发命令委任由申请人提名（并且已同意接受提名）的人召集如下会议——

（a）首次年度业主大会后，在以下两种情况下，可（视情况而定）召集管理法团或次级管理法团会议——

（i）没有理事会或执行委员会；或

（ii）理事会或执行委员会（视情况而定）没有委派人员填补该理事会或执行委员会任何办事处空缺职位，也没有（视情况而定）为填补该空缺职位的目的而召集管理法团或次级管理法团业主大会；或

（b）如在管理法团理事会或次级管理法团执行委员会召开第一次会议后，没有选出理事会或执行委员会的主席、秘书或财务总监，则可（视情况而定）召集管理法团理事会或次级管理法团执行委员会会议，

以便（视情况而定）选举或委任一名或多名人员填补该办事处的某个或多个空缺职位。

（2）在不违背第（1）款规定的前提下，如管理法团或次级管理法团未能举行业主大会（首次年度业主大会除外），分层地契委员会在收到申请后，可命令管理法团或次级管理法团（视情况而定）召集业主大会。

（3）根据第（1）款或第（2）款的指令召集的任何会议，均须在该指令所指明的时间内召集和举行。

（4）根据第（1）款第（b）项举行的会议应由管理法团理事会或次级管理法团执行委员会（视情况而定）主持召开。

（5）根据本条签发的命令应包括分层地契委员会认为合适的附属条文或相应条文。

（6）若某命令根据本条签发，则——

（a）受命召开管理法团或次级管理法团业主大会的人员需主持该会议，并在主持该会议期间任职管理法团或次级管理法团（视情况而定）的主席；且

（b）该会议的通知应以命令中规定的方式发出。

（7）只有单位业主或其他在会议上享有投票权的人员可在本条规定下提出召集会议的申请。

诉讼作废的命令

第一百〇三条

（1）根据单位业主或某单位的第一抵押权人提出的申请，分层地契委员会如认为管理法团或次级管理法团或理事会或执行委员会召开的会议未遵守本法的规定，则分层地契委员会可通过命令——

（a）作废出席会议人员的任何决议或选举；或

（b）拒绝作废任何此类决议或选举。

（2）分层地契委员会不得根据第（1）款签发命令，拒绝撤销任何决议或选举，除非考虑到以下两种情况——

（a）不遵守本法的规定不会对任何人造成不利影响；且

（b）遵守本法的规定没有导致决议无法通过，也没有影响选举结果（视情况而定）。

投票权被否决或未收到应有通知时签发的命令

第一百〇四条

（1）根据任何人因本条规定而提出的申请，分层地契委员会信纳某项特别决议不会在管理法团或次级管理法团业主大会上通过，除非申请人——

（a）对该决议的动议投票被不正当地否决；或

（b）未根据已通过的决议收到应有通知，

分层地契委员会可令该决议自命令签发之日起视作无效。

（2）根据第（1）款签发的命令而提出的申请不得在决议通过的会议日期后的21天后提出。

（3）当存在以下两种情况时——

（a）根据第（1）款签发的指令通过一项决议，用一条规约去修订、增加或废除另一条规约；且

（b）根据该决议制定的规约已生效，

除非根据第三十二条、第三十三条或第八十三条进行修订、增加或废除（视情况而定），规约自命令签发之日具备和决议未通过时同样的效力和影响。

撤销规约修正案的命令

第一百〇五条

（1）根据管理法团或次级管理法团的会议上享有投票权的任何人（包括某单位的第一抵押权人和抵押人）提出的申请，分层地契委员会考虑到所有单位业主使用和享用的单位或共有物业或限制性共有物业（视情况而定）的利益，如认为不应对规约进行修订或废除，也不应增加新的规约，分层地契委员会可指令废除修订版、已撤销的规约重新生效或废除新增的规约。

（2）当根据第（1）款的规定就第三十三条或第八十二条中所

提述的（有关有限公共物业）专用规约而签发指令时，分层地契委员会可指示管理法团或次级管理法团（视情况而定）向规约中提述的某单位的单位业主支付补偿。

（3）根据第（2）款签发的命令进行的付款可由单位业主向有管辖权的法院以债务形式追回。

作废所谓的规约的命令

第一百〇六条

根据管理法团或次级管理法团的会议上享有投票权的任何人（包括某单位的第一抵押权人和抵押人）提出的申请，分层地契委员会如认为管理法团或次级管理法团（视情况而定）无权制定某项声称已制定了的规约，分层地契委员会可签发命令，宣布作废该份所谓的规约。

变更某些利率的命令

第一百〇七条

根据某一单位业主或管有抵押权人提出的申请，如分层地契委员会认为与该申请有关的管理法团或次级管理法团，依据第四十条第（6）款或第七十九条的规定而针对逾期缴费行为（视情况而定）所决定的利率不合理，分层地契委员会可就该笔决定的费用签发命令，宣布不再依照此方法收取利息，或者采取分层地契委员会签发的命令中规定的利率而非是管理法团或次级管理法团之前决定的利率。

变更缴费的命令

第一百〇八条

（1）收到管理法团、次级管理法团、单位业主或管有抵押权人（无论是其本人或其他人）提出的申请后，如分层地契委员会认为已征收或拟征收的费用满足以下条件——

（a）根据第四十条或第四十一条第（3）款或第四十一条第（4）款规定，在1976年4月15日之前已获得土地开发规划许可的分层地契建筑内某一单位；或

（b）根据第四十一条第（3）款或第（4）款规定，在1976年4月15日当日或之后获得土地开发规划许可的分层地契建筑内某一单位，

如费用金额不足或过多或费用支付方式不合理，分层地契委员会可签发以下其中一项或两项命令，规定：

（i）自分层地契委员会决定之日起支付不同金额的款项；

（ii）以不同的方式支付费用。

（2）当分层地契委员会根据第（1）款签发的由管理法团或次级管理法团（视情况而定）征收费用的命令生效时，无论该单位的费用是全部缴纳或部分缴纳，管理法团或次级管理法团应被视为已经征收了分层地契委员会决定的金额，自分层地契委员会决定之日起生效。

（3）尽管第四十条第（2）款有所规定，分层地契委员会仍可根据第（1）款签发命令，要求支付其认为公平且充足的金额。

（4）为避免产生疑问，在管理法团成立当日或之后，本条的任何条文均不得授权任何分层地契委员会以任何方式更改分层地契计划中任何单位的分层地契份额。

变更保险金额的命令

第一百〇九条

（1）根据单位业主或某一单位的抵押权人提出的申请，如分层地契委员会认为，分层地契建筑的管理法团根据第七十五条投保的金额不合理，分层地契委员会可命令管理法团将该金额变更为指定金额。

(2) 根据相关单位业主或某一单位的抵押权人提出的申请，如分层地契委员会认为，与之相关的次级管理法团根据第七十九条第（6）款投保的金额不合理时，分层地契委员会可命令次级管理法团将该金额变更为指定金额。

提出或追求保险索赔的命令

第一百一十条

根据某一单位业主提出的申请，如分层地契委员会认为与该申请有关的管理法团或次级管理法团，对根据第五节第六或七部分的规定需就建筑物或任何限制性共有物业的损害提出或追求保险索赔一事予以无端拒绝，分层地契委员会可命令管理法团或次级管理法团（视情况而定）提出或追求保险索赔。

与影响共有物业的许可相关的命令

第一百一十一条

根据某一单位业主提出的申请，如分层地契委员会认为与该申请有关的管理法团或次级管理法团存在以下两种情况——

（a）无端拒绝该单位业主就更改共有物业或限制性共有物业提出的提案；或

（b）无端拒绝批准任何根据第三十七条第（4）款规定需对影响分层地契计划内任何建筑外观的单位内部或单位上方采取的改进行为，

分层地契委员会可命令管理法团或次级管理法团（视情况而定）同意该提案。

任命物业公司行使某些权力的命令

第一百一十二条

（1）根据单位业主或某一单位的抵押权人或管理法团的判定债权人提出的申请，如分层地契委员会认为任命管理法团或次级管理法团的物业公司符合相关分层地契建筑内所有单位的单位业主或管理法团或次级管理法团债权人的利益（视情况而定），分层地契委员会可指令管理法团委任物业公司履行该指令中规定的职责。

（2）如分层地契委员会根据第（1）款的规定签发某条命令，它可同时签发命令，宣布物业公司可获得及行使以下权力——

（a）与该命令相关的管理法团或次级管理法团或其主席、秘书或财务总监，或该管理法团理事会或该次级管理法团执行委员会的所有权力、职责和职能；

（b）命令中规定的一项或多项权力、职责或职能；或

（c）除命令中规定之外的所有的权力、职责和职能。

提供信息或文件的命令

第一百一十三条

根据任何人的申请，如分层地契委员会认为与该申请有关的管理法团或次级管理法团，或该管理法团或次级管理法团指定的物业公司或主席、秘书或财务总监不当地——

（a）拒绝向申请人提供该申请人根据本法有权获得的任何信息；或

（b）未能使申请人或其代理人行使根据本法其应享有的查阅任何记录或文件的权利，

分层地契委员会可命令管理法团、次级管理法团、物业公司、主席、秘书或财务总监向申请人提供相关信息，或者相关纪录或文件（视情况而定）。

允许进入单位的命令

第一百一十四条

（1）分层地契委员会可签发命令，要求单位业主，或者任何

单位或任何单位的一部分的使用人允许管理法团或次级管理法团（视情况而定）进入该单位或该单位的一部分，以便进行第三十条规定的任何工作或决定是否需要进行这些工作。

（2）即便没有根据本条提出命令申请，本条也不得限制任何管理法团或次级管理法团可根据第三十一条规定进入某一单位的权力。

（3）根据本条提出的申请只能由管理法团或次级管理法团提出。

解决管理法团与次级管理法团等之间纠纷的命令

第一百一十五条

（1）根据管理法团或次级管理法团（该条中称作申请委员会）提出的申请，分层地契委员会如信纳与申请相关的管理法团或次级管理法团——

（a）无端拒绝申请委员会或其任何代表使用任何共有物业或限制性共有物业，或无端拒绝向其提供任何关于共有物业或限制性共有物业或任何单位业主的信息，从而影响申请公司或其代表有效履行本法委予或规定的职责；或

（b）对任何共有物业或限制性共有物业做任何事情或允许任何事情对其发生，以无端干预或无端阻挠、妨碍或拖延的方式或目的，使申请委员会无法有效履行本法委予或规定的职责，

分层地契委员会可签发解决纠纷的命令。

（2）第（1）款中的任何规定均不得被视为授权任何分层地契委员会要求管理法团或次级管理法团披露任何保密信息。

（3）在本条中，管理法团或次级管理法团的代表包括——

（a）其理事会或执行委员会的任何成员（视情况而定）；

（b）由管理法团或次级管理法团正式任命的任何物业公

司；或

（c）由任何此类物业公司正式授权的任何雇员。

第三部分　其他事项

分层地契委员会有权驳回某些申请

第一百一十六条

根据本节规定，如出现以下情况，分层地契委员会可驳回某项申请——

（a）分层地契委员会认为该申请草率、无理、基于错误理解或缺乏实据；

（b）分层地契委员会认为有利于申请人的决定不在分层地契委员会的管辖权范围内；

（c）分层地契委员会认为申请人无端拖延提供分层地契委员会所要求的信息；

（d）当某一单位的单位业主提出申请，而该申请人尚未缴清本法内的单位应征收和被支付的所有费用；或

（e）分层地契委员会认为案件适合调解，但申请时调解正在等待中。

与命令有关的一般规定

第一百一十七条

（1）分层地契委员会根据本法或《地契（分层）法》（第一百五十八章）签发的命令可包括分层地契委员会认为合适的附属条文或相应条文，包括申请人、管理法团、次级管理法团或该命令所针对的任何人应付的费用，或向分层地契委员会提出草率申请的一方应付的费用。

（2）在不影响第（1）款规定的情况下，分层地契委员会可命令——

（a）管理法团或其理事会；

（b）次级管理法团或其执行委员会；

（c）物业公司；或

（d）单位业主或拥有一个单位产权或权益的人或一个单位的使用人，

（视情况而定）做或不做与分层地契建筑或共有物业或限制性共有物业有关的指定行为。

临时命令

第一百一十八条

（1）若根据本节规定申请签发命令的人要求签发临时命令，并且分层地契委员会，或者主席或主持会议的副主席信纳有合理的理由证明确有紧急事项需签发该临时命令，则分层地契委员会、主席或副主席（视情况而定）可以——

（a）签发分层地契委员会能够在其他情况下签发的命令（在本节中称为临时命令）；且

（b）根据第一百一十九条通过发出通知更新临时命令，前提是更新临时命令的要求在签发该命令后的 3 个月内提出。

（2）分层地契委员会，或者主席或主持会议的副主席可撤销根据第（1）款规定签发的临时命令或临时命令的更新。

（3）当临时命令被撤销时，注册官应根据第一百一十九条发出撤销该命令的通知。

（4）在本节中，临时命令可就任何申请签发或更新，即使——

（a）自收到申请后，未遵循本节规定的任何程序；

（b）提交申请的期限或延长期限尚未到期；或

（c）尚未行使代理权。

（5）在以下期限内，临时命令继续有效——

（a）根据分层地契委员会、主席或副主席（视情况而定）在该命令中规定的从命令签发之日起直至期满，但不得超过3个月；

（b）如正式提出更新申请，直至该更新被批准或拒绝；或

（c）如命令被更新，自命令签发之日起直至6个月期满。

（6）如临时命令在上诉时被撤销，或申请是根据本节的另一条文而决定的，则第（5）款不适用。

（7）申请一项临时命令或该临时命令的更新或与该申请有关的任何人若在要项上作出虚假的或具有误导性的陈述，即属犯罪，一经定罪，可处罚款不超过5000美元或监禁不超过6个月，或两者并处。

通知送达的效力

第一百一十九条

（1）根据第（2）款规定，注册官应将由分层地契委员会、主席或副主席根据本节提出的任何申请而签发的每项命令（包括临时命令）的一份副本送达给——

（a）申请人；

（b）与该分层地契计划有关的管理法团或次级管理法团；

（c）命令所签发的对象；且

（d）应分层地契委员会之邀进行书面提交的任何人。

（2）如分层地契委员会、主席或副主席签发的命令（包括临时命令）为宣告性，命令或其他命令，且该指令对分层地契计划中单位业主或单位使用人造成一般影响的，或影响单位业主或使用人中某一特定群体，注册官无需对每个单位业主和使用人提供

命令副本，而可以改为发送通知，只要在合理可行的情况下，确保所有单位业主和使用人或该特定群体中的所有单位业主和使用人注意到通知即可。

（3）根据第（1）款和第（2）款签发的每份命令，其副本须由主席证明是命令的真实副本。

（4）除根据本法其他规定或根据《地契（分层）法》（第一百五十八章）其他规定，或在某个命令中另有明确规定，根据本节规定签发的命令（包括临时命令），在命令副本送达以下人员时生效

（a）申请人；

（b）与分层地契计划相关的管理法团或次级管理法团；且

（c）命令所签发的对象。

命令的执行及对其违反的处罚

第一百二十条

（1）根据本节或《地契（分层）法》签发的任何命令（包括临时命令），经地区法院许可后，可以等同于法院判决的方式对命令的对象执行，法院在许可该命令后，还可再作出判决。

（2）违反根据本节或《地契（分层）法》签发的任何命令（包括临时命令）的人，即属违法，一经定罪，将处最高 1 万美元的罚款或最高 5 年的监禁，或两者并处。

（3）据称为根据本节或《地契（分层）法》签发的命令（包括临时命令）副本的文件，须作为证据接纳，除非提出的相反证明成立。这些文件须被视为是由分层地契委员会签发的命令。

第七节

【根据 2019 年 2 月 1 日正式生效的 2017 年第三十五号法已废除】

第八节　概述

不受本法影响的其他权利和补救措施

第一百二十三条

本法中的任何规定不得剥夺单位或管理法团的单位业主或抵押权人对本法外任何单位和共有设施所拥有的任何权利或补救措施。

法律诉讼

第一百二十四条

（1）根据本法向法院提交的每份申请应通过原诉传票提出。

（2）本法所规定的，由任何人或当局向其他任何人或当局追偿的费用，可在任何具有管辖权的法院通过债务诉讼追偿。

违反此法的法团及非法人团体

第一百二十五条

（1）凡任何法团违反本法所述规定，且该违规经证明，是由于该法团高级管理人员的同意、默许或疏忽下而造成的，则该高级管理人员和法团即为违规并可据此被起诉和处罚。

（2）如法团事务由其成员管理，则第（1）款内容同样适用于该成员管理职能的作为及不作为，一如公司董事。

（3）凡任何合伙企业违反本法所述规定，且该违规经证明，是在该企业合伙人同意、默许或疏忽下造成的，则该合伙人和合伙企业即为违规并可据此被起诉和处罚。

（4）凡任何非法人团体（合伙企业除外）违反本法所述规定，且该违规经证明是在该非法人团体的高级管理人员或其主管部门的成员同意、默许或疏忽下造成的，则该高级管理人员或主管部门成员，以及该非法人团体即为违规并可据此被起诉和处罚。

（5）在本条下——

"法团"包括有限责任合伙企业；

"高级管理人员"——

（a）就法团而言，是指管理法团的主任及成员、首席执行官、经理、秘书或类似法人团体高级官员，或以任何据称以此类身份行事的个人；或

（b）就非法人团体而言（合伙企业除外），是指非法人团体委员会的主席、秘书和委员会成员，包括与非法人团体委员会主席、秘书或委员会成员有相类似职位的人，亦包括以任何据称以此类身份行事的任何人。

"合伙人"包括据称以合伙人行事的个人。

执行专员的监督权力

第一百二十六条

（1）执行专员可发布通知，要求开发项目的业主开发商、任何管理法团理事会或次级管理法团的执行委员会的有关成员、物业公司或物业公司的职员或其他人——

（a）在不收取费用或酬劳的情况下，提供下述材料以供执行专员或该执行专员授权的个人，为应本法履行其职能而提出的合理要求，进行视察：这些材料包括：分层地契计划实施前的任何与建筑维护、开发项目维护等有关的簿册、登记册、文件或其他记录，用于管理法团或（视情况而定）次级管理法团的开发和

管理；

（b）向执行专员或该执行专员授权的个人，应其根据本法履行职能提出的合理要求，提供分层地契计划登记前的建筑维护、开发项目维护有关的此类信息和说明，用于管理法团或（视情况而定）次级管理法团的管理或开发，并在通知规定的合理时间内进行。

（2）执行专员或该执行专员授权的个人，在无偿的情况下，可以——

（a）从根据第（1）条第（a）项规定编制的任何簿册、登记册、文件或其他记录中的任何信息制作副本或摘录或记录；或

（b）从根据第（1）条第（b）项规定提供的任何信息或说明中制作副本或摘录或记录。

（3）执行专员或该执行专员书面授权的个人，可在任何合理时间内进入任何此类建筑、共有物业或限制性共有物业，且在进入任何建筑、共有物业或限制性共有物业之后，可执行以下所有或任何操作：

（a）视察与以下内容有关的任何簿册、登记册或其他记录——

（i）管理法团或次级管理法团的管理情况；

（ii）为开发项目设立分层地契计划前，开发项目的维护；或

（iii）任何一幢建筑物的维护；

（b）从任何簿册书籍、登记册、文件或其他记录中的任何信息制作副本或记录；

（c）检查以确认建筑物、共有物业或限制性共有物业（视情况而定），或在与之相关的情况下，是否仍然存在或曾经存在违反按照或根据本法规定的要求；

（d）检查以确认是否存在该类情况，在这些情况下，可授权

执行专员或由执行专员任命的任何人，以此为目标，根据本法授权，或按照或根据本法规定，采取任何行动，或开展任何工作；

（e）根据本法授权，或按照或根据本法规定，采取任何此类行动，或开展任何此类工作。

（4）如以上在第（1）款或第（3）款提及的此类记录均以电子表格形式保存，则——

（a）根据第（1）款规定，执行专员此类视察记录的权力包括要求记录副本的权力，此记录字样应可阅，可用于检查［第（2）条第（a）项规定也相应适用于相关任何用于检查的副本］；且

（b）根据第（3）款规定，任何人（在本项中指视察员）检查任何此类记录的权力包括：要求建筑物里的任何住户就该共有物业和限制性共有物业向视察员提供协助，视察员可对此提出合理要求，以便——

（i）视察和制作记录副本，该记录字样应可阅，或记录其中所含信息；或

（ii）视察和检修任何一台已经或正在用于保存记录的电脑、相关设备或工具的运行。

（5）除根据第（1）款和第（2）款已授予执行专员的权力，执行专员或其授权的个人可通过书面命令的形式，要求以下几类人须到场——

（a）根据执行专员给予，或以其他方式获取的任何信息，可能对案件情况熟悉的位于新加坡境内任何开发项目的业主开发商或其员工、物业公司或物业公司的员工；

（b）根据执行专员给予或以其他方式获取的任何信息，可能对案件情况熟悉的任何管理法团理事会的有关成员或任何次级管理法团的执行委员会、任何物业公司或其任何员工；或

（c）根据执行专员给予或以其他方式获取的任何信息，可能对建筑维护或案件情况熟悉的任何其他人。

（5A）根据第（5）款规定任何人均要求到场，任何人在执行专员或其授权的个人面前为此而作的陈述必须——

（a）以书面形式表达；

（b）宣读给当事人；

（c）若当事人不懂英语，用其理解的语言传译；且

（d）修正后，如有必要，由当事人签字。

（6）任何人，若——

（a）拒绝令执行专员或其授权的个人根据此条规定履行其根据本法必须履行的职责，或者对该执行专员或其授权的个人进行攻击、阻挠、妨碍或推迟其履行以上职责时；

（b）在无正当理由的情况下，拒绝根据第（1）款规定向执行专员或其授权的个人提供所要求的任何信息，或拒绝制作任何簿册、登记册、文件、副本；或

（c）在无正当理由的情况下，未能根据本条规定遵守执行专员或其授权的个人需履行其职责的合法要求，

一经确认，即属违规，可处不超过 2000 美元的罚款或不超过 3 个月的监禁，或两者并处。

（7）如有人声称提供该信息可能会使其犯罪或使其面临处罚，此人不能因此免于提供本条规定要求的任何信息。

（8）如有人在需要根据本条规定提交任何信息前声称提供该信息可能会使其犯罪，则——

（a）该信息；

（b）该信息的提供；且

（c）任何由该信息的提供导致随之而直接或间接获取的信息、

文件或物件，

不得在任何刑事法律诉讼中作为针对该人的证据，但根据第一百二十七条针对任何违规行为而进行的诉讼除外。

（9）根据第（1）款、第（2）款、第（3）款或第（5）款所赋予的权力，只可由执行专员（或根据实际情况由执行专员授权的人）行使——

（a）以确保遵守本法和关于以下任何条规的规定：

（i）建筑的维护；

（ii）在分层地契计划注册开发之前维护开发；

（iii）管理法团或次级管理法团的管理；

（iv）与第（i）目、第（ii）目或第（iii）目中的任何事项相关的、根据或按照本法所要求的任何批准、许可或授权；或

（b）以调查根据本法或第一百三十六条规定的任何违规行为。

向执行专员提供虚假或误导性信息

第一百二十七条

（1）任何人如故意或者罔顾后果地在某份材料中向执行专员提供含有虚假或误导性信息，并该信息为下列情况者，即属违规行为——

（a）声称符合本法施加或本法规定的要求；且

（b）除（a）项所述情况之外，信息提供人期望或者可以知晓：执行专员将使用其提供的信息以履行该法规定的职责。

（2）任何人若——

（a）更改、封锁、隐瞒或销毁与业主开发商、管理法团或次级管理法团的财务或交易有关的任何文件或其他记录；或

（b）导致或允许以上行为，

并有意伪造以上文件或记录，或有意使该组织或个人逃避本法

的任何规定，即属违规。

（3）任何人违反本条规定，可处最高 5000 美元罚款，或处最高 6 个月监禁，或两者并处。

一般性罚款

第一百二十八条

任何根据本法已构成违规行为、但未明确规定其处罚方式的行为人，在定罪后，可处最高 1 万美元罚款。

送达通知

第一百二十九条

（1）除非本法另有明确规定，根据本法或任何规约规定或授权，对某人给予或送达的通知，可以下列方式向该人给予或送达——

（a）通过邮寄或传真至其送达地址（在本条含义范围内）或其最后为人所知的居住地址或营业地址；

（b）通过将通知留放在其送达地址（在本条含义范围内）或其最后为人所知的居住地址或营业地址；或

（c）通过电子通信，将该通知的电子通信发送到此人提供给发件人的最后一个电子邮件地址，该地址作为根据本法向此人发布通知的电子邮件地址。

（1A）除非本法另有明确规定，除第（1）款所述的任何方法外，根据本法或任何规约所要求或授权，所给予或送达给单位业主的通知，可于单位业主的单位前门上进行张贴，以向其给予或送达通知。

（1B）尽管有第（1）款的规定，根据本法或任何规约所要求或授权给予或送达给单位业主的通知，是由管理法团或次级管理法团通过第（1）条第（c）款所述的电子通讯给予或送达的，则该通知不被视为向单位业主给予或送达——

（a）除非本通知亦张贴于单位业主的送达地址（在本条含义范围内）或单位业主最后为人所知的居住地址或营业地址；且

（b）直至第（5）条第（b）款或第（d）款首次适用。

（2）传票或其他法律程序可通过留交给管理法团或次级管理法团的主席或秘书，或者留交给理事会的主席或秘书，或者留交给理事会的任何成员，送达管理法团或次级管理法团。

（3）除第（2）款所述文件之外，其余文件可送达管理法团或次级管理法团——

（a）通过将其留给第（1）款所述的任何人，或留放于根据第28条由管理法团或次级管理法团提供的容器内；

（b）以挂号邮寄方式将其寄往管理法团，按照记录在包含共有物业的土地登记册上的管理法团地址寄送；或

（c）通过电子通信，将通知以电子通信发送至管理法团或次级管理法团，管理法团或次级管理法团发送给发件人的最后一封电子邮件的地址（视情况而定）作为本法规定的送达文件的电子邮件地址。

（4）除管理法团或次级管理法团之外的送达地址如下：

（a）若为某单位的使用人，送达地址即为该单位的地址；

（b）若送达通知的地址或电子邮件地址记录在分层地契房屋信息档案册中，则送达地址为档案册所记录的地址。

（5）若有任何通知或其他文件

（a）根据第（1）款通过传真方式发送的，若存在以电子或其他方式的确认，确认通知或文件已在送达地址或居住地或营业地（视情况而定）被收到，则须视该通知或文件已妥善送达或给予该人；

(b) 通过邮寄方式寄送的，即使该通知或文件未交付而被退回，仍视该通知或文件已按以下方式妥善送达或给予该人：

(i) 若通过预付挂号邮寄寄送通知或文件，自寄送之日起的第 3 个工作日；

(ii) 若通过普通邮寄寄送通知或文件，自寄送之日起的第 4 个工作日；

(c) 如通知已交付到单位，或张贴在任何单位的前门上，则须视为通知已在交付该单位或张贴该通知或文件之日，妥善送达或给予该人；或

(d) 根据第（1）条第（c）款以电子通讯方式发送的通知，自该电子通讯能够由收件人在其指定的电子地址检索到时，则须视该通知已妥善送达或给予该人。

(6) 除第（2）款另有规定之外，本条不适用于法庭诉讼程序中要送达的通知和文件。

通知中不准确之处等

第一百二十九 A 条

(1) 在任何根据本法或以本法为目的而给予或送达的通知或命令中，若被命名或描述的人、场所或建筑或其他事物存在用词不当或描述不准确的情况，但是此类不当的用词或不准确的描述是可以识别的，则不会因此而令该通知或命令无效，也不会影响该法的实施。

(2) 任何根据或凭借本法进行的诉讼不得仅因缺乏形式而被认定无效，相反应该是有效的。

法院管辖权

第一百三十条

尽管《刑事诉讼法》（第六十八章）中有任何相反的规定，但地区法院和地方法院应有管辖权以审判根据本法所规定的任何违

规行为,并有权对该行为处以全部罚金或惩罚。

违规行为的和解

第一百三十一条

(1) 执行专员可根据本法酌情处理,向基于合理理由而被怀疑违规的个人征收不超过以下两者中较低数额的和解金,从而将规定中可以和解的违规行为进行和解处理。

(a) 最高违规罚金的一半;

(b) 5000 美元。

(2) 部长可制定条例,规定可和解的违规行为。

(3) 根据本条收取的所有罚金须缴入统一基金。

(4) 执行专员以及根据第三条第(3)款任命并行使本条授予执行专员权力的任何其他官员,就本条所指对和解金的管理、收取和强执支付而言,均属于为《财务程序法》(第一百〇九章)的目的而设立的公务员;且《财务程序法》第二十条适用于执行专员及其他官员,即使其现在或过去均未受雇于政府。

免负法律责任

第一百三十二条

对于执行专员或根据本法任命的任何官员,或在执行专员或根据本法任命的任何官员的指示下行事的任何人,不得就其为执行本法的规定而善意作出的任何事项或事情提起诉讼。

对政府的适用

第一百三十三条

本法对政府具有约束力,但不能依此对政府违规行为进行起诉。

豁免

第一百三十四条

(1) 根据《政府公报》公布的命令,在可能规定的条款或条件下，部长可以豁免任何人或建筑，或任何类别的人或建筑，不受本法所有或任何规定的约束。

（2）任何人的申请一经提出，只要部长认为在案件当时的情况下做法恰当，即可下达书面通知，就本法的所有或任何规定对其予以豁免。

（3）根据第（2）款予以的豁免——

（a）可根据部长以书面通知所指明的条款或条件予以批准；

（b）无须在《政府公报》上公布；且

（c）如部长认为出于公众利益有必要撤回，可随时撤回。

（4）任何人违反根据第（1）款规定或根据第（3）款第（a）项由部长指明的条款或条件，即属违规。

附表的修订

第一百三十五条

（1）部长可随时通过在《政府公报》上公布的命令，修订《附表一》或《附表二》。

（2）部长可按照根据第（1）款作出的任何命令，作出权益必要的偶发、连带或补充规定。

条例

第一百三十六条

（1）部长可制定为执行本法目的和规定的条例。

（2）在不损害第（1）款一般性的前提下，部长可就以下所有或任何事项制定条例：

（a）就建筑、任何共有物业和限制性共有物业制定适当的管理标准及维护标准；

（aa）直梯和自动扶梯的使用及维护方面的管理，包括——

（i）需要对直梯和自动扶梯进行定期检查；

(ii) 直梯或自动扶梯的所有者以及负责或从事直梯或自动扶梯维护的任何人需要履行何种职责，例如保存记录及取得直梯或自动扶梯的操作许可；

(iii) 何种情况下必须永久或暂时停止操作直梯或自动扶梯；且

(iv) 在发生与直梯或自动扶梯有关的事故或意外时，以及因该事故或意外而导致死亡或严重人身伤害时，或涉及直梯或自动扶梯的任何承重或安全关键部件或部分的任何破损、变形或损坏时，直梯或自动扶梯的所有者及其他任何人需要履行何种程序和职责；

(ab) 根据第十八条第（1）款，向执行专员申请批准开发的最高维护费率；

(b) 管理法团理事会或次级管理法团执行委员会成员的提名及选举；

(c) 单位业主向管理法团或次级管理法团的任何累积基金需缴纳的最低费用额；

(d) 属于管理法团或次级管理法团的累积基金款项的投资；

(e) 为住宅及商业两用的分层地契建筑单位中的居民提供专用停车位；

(f) 为根据本法所做任何事情向管理法团或次级管理法团支付的费用；

(g) 就本法目的所要求的任何事项或事物支付的费用，包括根据本法要求的批准、许可或执照，以及全部或部分此类费用的退还和减免；

(h) 分层地契委员会的实践和程序；

(ha) 规定在管理法团或次级管理法团可能采用的业主大会投

票方式（非本人投票）以及用这些方式投票的程序；或与业主大会投票方式（非本人投票）相关的事项；

(i) 为执行或实施本法的任何规定而要求或允许作出规定的任何其他事项或必要或方便作出规定的任何其他事项。

(3) 根据本条制定的条例可对不同类型的建筑、共有物业和限制性共有物业作出不同的规定。

(4) 部长可在根据第（1）款制定任何条例时，规定——

(a) 任何违反有关维护直梯和自动扶梯条例的任何规定，或涉及直梯或自动扶梯的事故或意外，即属违规行为，可处不超过 20000 美元罚款或判处不超过 12 个月监禁或两者并处；或

(b) 任何违反根据该款制定的任何其他条例的任何规定，即属违规行为，可处不超过 5000 美元罚款。

(5) 根据第（1）款制定的关于维护直梯和自动扶梯的任何条例可藉以下提述而适用于、采纳或纳入——

(a) 全部或部分；

(b) 修改或不修改；或

(c) 内容具体或仅做参考

任何在特定时间生效或公布，或不时生效或公布的法规、标准、规则、要求、规范或其他文件中所包含的任何与本条例处理的任何事项有关的事项。

(6) 除非根据第（1）款制定的条例另有规定，否则根据第（5）款适用、采纳或纳入的每份材料，以及根据第（5）款可藉以下提述纳入的、由材料发起人或发起组织所作出的对任何材料的每项修订，根据第（7）款和第（8）款规定，均视为该条例的一部分。

(7) 如第（5）款所述的任何材料，可藉以下提述应用、采纳

或纳入到根据第（1）款制定的关于维护直梯和自动扶梯的任何条例中，部长必须在《政府公报》上发出通知声明——

（a）该材料已纳入该等条例，以及该等条例中相关规定制定的日期；

（b）该材料可在工作时间内免费视察；

（c）可视察该材料的地址；

（d）可购买该材料的副本，以及可购买该材料的地点；且

（e）如该材料的副本可通过其他方式获得，则声明获取或得到该材料副本的地点或方式的细节。

（8）此外，部长必须把根据第（5）款藉以下提述通过应用、采纳、纳入到根据第（1）款制定的关于维护直梯和自动扶梯的条例中的每种材料的副本，在正常工作时间内，在建设局的任何办事处免费向公众提供以进行视察。

（9）在本条中，"修改"包括省略、增添和替换。

因撤销《建筑和共有物业（维护与管理）法》而设立的过渡性条文及保留条文

第一百三十七条

（1）建筑分层单位附表四第一节所列之过渡性条文及保留条文【因撤销《建筑和共有物业（维护与管理）法》所列之条文】具有效力。

（2）任何涉及已撤销《建筑和共有物业（维护与管理）法》①的成文法律或文件，凡有必要予以保留的均参照本法或部分参照本法。

---

① 《2004年建筑维护与分层地契管理法》（2004年第47号法）自2005年4月1日起生效，同时撤销《建筑和共有物业（维护与管理）法》（2000年修订版第三十章）。

《地契（分层）法》的相应修正

第一百三十八条

（1）建筑分层单位附表三第一栏规定的《地契（分层）法》（第一百五十八章）条文，均按附表第二栏所列方式予以修订。

（2）本法建筑分层单位附表四第二节所列过渡性条文及保留条文具有效力。

过渡性条文及保留条文

第一百三十九条

（1）除本法建筑分层单位附表四另有明确规定外——

（a）本法适用于任何在第一百三十八条生效前依照《地契（分层）法》要求注册的分层地契计划中的建筑；且

（b）本附表中的内容均不影响《法律解释法》（第一章）中的任何保留条文。

（2）除附表四另有明确规定外，在附表四原条文所规定的任何期间内，即上述条文撤销或修正（视情况而定）的生效日期之前，本法均具效力，一如本法中的相应条文在该期间开始时生效；且就本法而言，在不影响上述规定的情况下，本法指出的任何日期及当前日期均视为有效

（a）自期间开始前的一天或事件开始前生效；且

（b）若该法尚未通过，则（除非本法另有延期条文）在任何期限到期时失效，

任何权利、优先事项、责任、救济、职责、要求、义务或豁免，视上述期间的开始、延续或结束而定，均须按照本法的规定执行，一如原条文所规定。

（3）在 2005 年 4 月 1 日之后的两年间（视情况而定），如部长认为情况必要或适宜，可在第一百三十七条或第一百三十八条

颁布后于《政府公报》刊登指令，在建筑分层单位附表四上增加保留或过渡性条文。

（4）在本节中，"原条文"指已撤销法令中的任何条文或本法撤销或修改的《地契（分层）法》（第一百五十八章）中的任何条文。

其他成文法律的相应修正

第一百四十条

建筑分层单位附表五第一栏所列之其他法条文，均按附表第二栏所列方式予以修订。

附表一

第二十七条第（3）款，第二十九条第（1）款第（h）项，第八十条第（2）款和第一百三十五条第（1）款

管理法团和次级管理法团业主大会

业主大会通知

第一条

（1）除本法另有明确规定外，管理法团或次级管理法团业主大会的通知应至少在会议召开前14天，呈送至每位具有大会成员身份的单位业主及各单位的第一抵押权人（以分层地契房屋信息档案为准）。

（2）业主大会的每项通知均须——

（a）指明会议的地点、日期及时长；

（b）包括将在会议上讨论的各项决议提案；

（c）明确将在会议上处理的其他事务；

（d）若该通知是发给先前未收到会议纪要副本，或在通知发出之前请求取得会议纪要副本但并未被满足的单位业主，应附上最近一次大会的会议纪要副本；且

(e)告知每位接收通知人可就各项决议提案投票,并在相关情况下就理事会或执行委员会(视情况而定)成员选举进行投票——

(i)只有当出现在分层地契房屋信息档案上的单位第一抵押权人未能行使或忽视本附表赋予他的投票权时,该单位的单位业主才能投票,否则第一抵押权人优先;

(ii)除非一致决议或已就协议达成一致决议,否则只有在大会召开至少三天前按时缴纳管理法团在当日通知中所列的、依据本法就该单位征收的所有费用、应支付费用及其他所有可追缴费用(即作为该单位的单位业主或第一抵押权人,管理法团可向其收缴应缴纳的物业费或其他可追缴的费用);且

(iii)亲自或委托他人出席会议,接收通知人方可投票。

(3)在不违背第(2)款规定的条件下,管理法团或次级管理法团年度业主大会的每次通知均须——

(a)附上管理法团或次级管理法团(视情况而定)根据第三十八条第(10)款最终拟定的账目报表副本及其审计报告副本;

(b)包括以下各项动议——

(i)说明是否采用第(a)项所列账目;

(ii)确认上一年度业主大会的会议纪要;

(iii)确定将要选举产生的理事会成员名额;

(iv)选举理事会成员;

(v)确定维护基金和累积基金的筹集金额;

(vi)审批管理法团提交的新一财年年度预算;

(vii)决定是否任何事务或任何类型的事务仅需管理法团在业主大会上决定即可;

(viii)任命审计员;

(ba)就保险范围作报告并就管理法团的保险范围是否全面进

行审查；且

（c）应包括一份关于下一财年解聘或续聘物业公司的动议。

（4）除以下情况之外，不得向业主大会提交任一动议，

（a）告知已根据本项规定提交动议；或

（b）如该动议旨在修改已提交大会之动议，且该修改并不改变先前动议涉及的主题。

（4A）任何人如无权就动议进行投票，即无权提出动议。

（5）会议上需提交一份有关一致决议、协商一致决议、90%决议、综合决议或是特别决议的动议，但若理事会未按照第二条第（2）款至第（7）款有关一致决议、协商一致决议、90%决议、综合决议或是特别决议（视情况而定）的规定就此发出会议通知，则此次大会将被视为并未正式召开。

（6）尽管第（1）款中已作出规定，但若涉及管理法团或次级管理法团指示的特别决议，下达该会议书面通知的时间可以晚于第（1）款所规定的时间，并在此后召开会议以提出并通过某项决议。

候选人的提名

第一A条

（1）在不违背该附表第一条第（2）款和第（3）款规定的前提下，管理法团或次级管理法团年度业主大会的每份通知须就管理法团理事会或次级管理法团执行理事会（视情况而定）成员的提名发出倡议。

（2）管理法团或次级管理法团的秘书，或是首次年度业主大会召集人，必须在首次年度业主大会上就所有收到的提名发出通知。

有权在业主大会上投票的人士

第二条

（1）在如下情况下，个人有权就管理法团或次级管理法团业

主大会上提交的关于任一单位的任何提案，或是就管理法团理事会或次级管理法团执行委员会的任一选举事宜进行投票，当且仅当——

（a）就管理法团而言，此人员是分层地契房屋信息档案上所载的该单位的单位业主或管有抵押权人或接管人，并且已支付管理法团依据本法所征收或追偿的任何费用及款项；或

（b）就次级管理法团而言，此人员为该次级管理法团下属某一单位的单位业主（或管有抵押权人或接管人），并已支付该次级管理法团依据本法所征收或追偿的任何费用及款项；

（2）尽管本项另有规定，但正如分层地契房屋信息档案所示，一单位第一抵押权人有权就管理法团业主大会上提交的关于该单位的任何提案或理事会成员之选举进行投票，或是就次级管理法团业主大会上提交的关于该单位的任何提案或其执行委员会的成员之选举进行投票，且若此人就该提案进行表决后，则该单位的单位业主所投票数均不再予以统计。

（3）共有单位业主或共同抵押权人可由他们中的任何人亲自或委托代理人进行投票，若共有单位业主或共同抵押权人均出席管理法团或次级管理法团（视情况而定），则级别较高的共有单位业主或共同抵押权人无论是亲自还是委托代理人投票，其投票均被接受，而其他人的投票则不予计入；为此，级别高低应由分层地契房屋信息档案上姓名的排列顺序决定。

（4）除非本附表另有规定，单位业主只有作为一单位内两套或两套以上连续房产的第一级别人，方可就业主大会上提出的以下任何提案进行投票——

（a）涉及管理法团或其理事会成员选举；或

（b）涉及次级管理法团或其执行委员会成员选举。

（5）根据本附表规定，如单位业主同时是一个单位的受托人，则有权对业主大会上如下提案进行投票——

（a）涉及管理法团或其理事会成员选举；或

（b）涉及次级管理法团或其执行委员会成员选举，

同时，与受委托事项有利害关系的人员无权进行此类投票。

（6）本项赋予的投票权受第六十五条第（9）款和第（10）款的约束。

法定人数

第三条

（1）除非有法定人数的单位业主出席，否则不得在管理法团或次级管理法团业主大会上处理任何事务。

（2）依据分层地契计划设立的管理法团或次级管理法团召开的业主大会均需达到法定人数，且一定数量的单位业主至少拥有——

（a）分层地契计划所包括的所有分层地契份额总额的30％；或

（b）在为限制性共有物业设立次级管理法团的情况下，对被指定的限制性共有物业享有排他性受益的所有单位的总分层地契份额的30％，

并应亲自或委托他人出席大会。

（3）除非第（4）款另有规定，如在举行管理法团或次级管理法团业主大会的半小时内，管理法团或（视情况而定）次级管理法团的单位业主的到会人数不足法定人数，但若有两位或两位以上单位业主亲自到场，仍可视同法定人数到场并召开业主大会。

（4）第（3）款不适用于在收到单位业主申请书后召开的业主大会。

业主大会的休会

第三 A 条

（1）若休会的动议在管理法团或次级管理法团的业主大会上得以通过，则该大会可以任何理由休会。

（2）根据第（1）款规定，业主大会主席须确定休会会议的复会时间和地点。

（3）根据第（2）款规定，管理法团或次级管理法团（视情况而定）秘书须至少在确定复会时间前 14 天发出关于复会的时间和地点的通知，通知应：

（a）刊登于管理法团或次级管理法团的公告牌上；

（b）送至每一位单位业主。

无效动议

第四条

在管理法团或次级管理法团业主大会上，若主席认为此动议将与本法或其规约产生冲突，或为非法或不可执行，则可裁定该动议不合规。

投票方式

第五条

（1）在管理法团或次级管理法团业主大会上，有权投票的人士或代理投票人必须亲自到场投票。

（2）如管理法团或次级管理法团业主大会要求亲自到场投票，投票人必须在投票单上勾选并将其掷入投票箱中进行表决。

（3）每张选票必须——

（a）写明大会提交的各项动议；

（b）写明动议获得通过的具体方式，即一般性决议、特别决议、90% 决议、一致决议、综合决议或协商一致决议；

（c）使投票人明示以何种身份行使投票权，以及明示投票所涉及的单位——

（i）是作为业主抑或第一抵押权人；

（ii）是作为公司被指定人；或

（iii）是作为代理人；且

（d）使选民有权以书面表决方式对各项动议予以赞成或反对或放弃投票权。

主持大会

第六条

若管理法团或次级管理法团主席出席业主大会，任何管理法团或次级管理法团的业主大会均应由该主席（依情况而定）主持；当他缺席全体会议时，在场并有权就本次会议提出的动议进行投票的与会者，可从与会者中推选出一人主持该次会议；被推选者在主持大会时，被视作管理法团或次级管理法团（视情况而定）主席。

有权投票的人员名单

第七条

（1）根据第（2）款的规定，管理法团或次级管理法团（视情况而定）的秘书须在大会开始前至少48小时展示或被要求展示一份名单，名单应包括

（a）业主大会上有权投票人员姓名；且

（b）投票人有权进行投票的单位。

（2）第（1）款所述的名单必须展示在以下区域的公告牌

（a）如是管理法团的业主大会，则展示于共有物业公告牌上；或

（b）如是次级管理法团的业主大会，则展示于限制性共有物

业公告牌上。

理事会或执行委员会的选举

第八条

（1）在管理法团或次级管理法团业主大会上选举产生理事会或执行委员会（视情况而定）时，大会主席必须：

（a）根据五十三B条，宣布书面提名的理事会或执行委员会候选人名单；且

（b）倡议口头提名任何有资格参选理事会或执行委员会（视情况而定）的人员。

（2）业主大会主席宣布提名结束后，管理法团或次级管理法团须根据本法决定理事会或执行委员会（视情况而定）成员名额。

（3）除非第五十三A条规定，若候选人数少于或等于理事会或执行委员会（视情况而定）根据第（2）款所决定的成员数量，大会主席应宣布全体候选人当选为理事会或执行委员会（视情况而定）成员。

（4）每位有权表决的投票人，在理事会或执行委员会成员的选举中，对其有权表决的某一单位享有一票表决权。

（5）为免生疑问，选举理事会或执行委员会成员无需按所有权份额投票。

动议所得票数的计算

第九条

（1）除非本项另有规定，在管理法团或次级管理法团（视情况而定）的业主大会上提交的动议，须根据其赞成票和反对票的票数决定。不论亲自投票或由人代理投票，每位有权表决的投票人就其有权进行表决的每一单位享有一票表决权，除非某位有权在该业主大会表决的投票人在上述投票前要求按所有权份额进行

投票。

（2）如——

（a）在管理法团或次级管理法团（视情况而定）业主大会上，任何一位有权表决的投票人要求就本次大会提交的动议进行投票，且该要求由投票人亲自在大会上提出；或

（b）根据本法要求，在业主大会上提出的动议须经特别决议或90%决议通过方可生效，

不论投票人是亲自投票或由人代理投票，该动议应根据第（3）款和第（4）款所规定的赞成票和反对票的份额来决定是否获得通过。

（3）除非第（4）款另有规定，就第（2）款而言，在管理法团或次级管理法团（视情况而言）的业主大会上，有权对某一单位进行表决的投票人就此次会议提交的某项动议所投票之价值应等同于该单位的分层地契份额。

（4）就第（2）款而言，待批单位的单位业主所投票的份额若非由本项规定，则应为第（3）款所规定价值的25%，且不计入小数。

（5）投票须以主席认为适当的方式进行。

（6）提出按所有权份额投票的请求者可撤回其请求。

主席的投票声明

第十条

在管理法团或次级管理法团（视情况而定）业主大会上提交的提案，由主席宣布投票结果。除非需进行表决投票，主席声明均为结论性陈述，无须赞成票和反对票的相关记录加以证明。

业主大会的会议纪要

第十A条

业主大会之会议纪要须包含以下内容：

（a）大会日期、时间及地点；

（b）与会单位业主姓名；

（c）委派代理人的单位业主姓名；

（d）与会代理人姓名；

（e）会议提交的每项动议的投票结果；

（f）会议通过的每项决议的案文；

仅有大会主席出席的业主大会视为有效

第十一条

除非第三条另有规定，管理法团或次级管理法团（视情况而定）业主大会的主席一经出席，不论是否为唯一与会人员，大会均应视为有效。

将纳入业主大会议程的动议申请书

第十二条

（1）任何单位业主均可以书面形式向管理法团或次级管理法团（视情况而定）的理事会秘书处呈送通知，并要求把在首次通知中提到的动议纳入到下一次管理法团或次级管理法团（视情况而定）业主大会的议程中，理事会秘书应遵从这一通知。

（2）根据第（1）款，理事会秘书处应遵照每份通知中的各项要求行事。

（3）如已根据本附表就一项动议发出通知，则第（1）款不得要求将该动议列入此次会议议程。在此情况下，理事会秘书须在会后将该动议列入下次业主大会议程。

（4）就第（1）款而言，若某位单位业主在对其单位无抵押的情况下有权在管理法团或次级管理法团（视情况而定）的业主大会上表决，因此该单位业主应被视为有权在此次会议上投票。

（5）任何人提请召开管理法团或次级管理法团业主大会均应

合理安排，确保拟定召开大会的日期、时间及地点便于大多数管理法团或次级管理法团（视情况而定）的单位业主参会。

一致决议或特别决议的修订或撤销

第十三条

除非通过后续的全体一致决议、协商一致决议、综合决议、90%决议或特别决议（视情况而定），管理法团对上述同类决议不得修改或撤销。

根据申请书召开特别业主大会

第十四条

（1）管理法团理事会或次级管理法团执行委员会秘书，在收到由以下人员签署的特别业主大会申请后——

（a）有权对一单位或多单位表决的一人或多人，且其分层地契份额或分层地契份额总额占管理法团或次级管理法团（视情况而定）的单位业主所有分层地契份额总额的至少20%；或

（b）不少于管理法团或次级管理法团（视情况而定）的全部单位业主的25%，

管理法团或次级管理法团的执行委员会须以切实可行的方式，尽快组织召开管理法团或次级管理法团（视情况而定）特别业主大会，最迟不得晚于秘书接到通知后6周。

（2）特别业主大会申请书应明确会议目的，经提请人签名并呈送至管理法团或次级管理法团的注册登记处存档。申请书可包括多份格式相同的文件，每份须由一名或多名提请人签名。

（3）若管理法团理事会或次级管理法团执行委员会（视情况而定），未能在申请书提交的14天内召开会议，全体提请人或其中任何一名具有50%以上投票权的提请人，可采取与理事会或执行委员会特别会议尽可能相同的方式自行召开会议，但经此召开

的会议在之后的三个月内不得再次召开。

（4）因管理法团理事会或次级管理法团执行委员会未能组织召开特别业主大会而给提请人带来的任何合理费用，管理法团或次级管理法团（视情况而定）应向提请人给付。

首次年度业主大会前管理法团的会议等

第十五条

（1）管理法团或次级管理法团（视情况而定）秘书，或者理事会或执行委员会成立前，业主开发商或以书面形式正式授权的代理人

（a）可召开特别业主大会；并且

（b）在收到一名或多名有权就分层地契计划中一个或多个单位表决的提请人签署的会议申请，且提请人的分层地契份额或他们的分层地契份额总额不少于以下分层地契份额总额的25%时，应召开会议——

（i）分层地契计划中包含的全部单位；或

（ii）在为任何限制性共有物业设立次级管理法团的情况下，对指定的限制性共有物业享有排他性受益的所有单位。

（2）除第一条第（3）款外，本建筑分层单位附表的全部条文适用于第（1）款提及的任一会议，只要所涉及的条文不与该会议相悖，或不适用于该会议。

公司可指派代表参加会议

第十六条

作为单位业主的公司，经公司盖章，或其董事或任何正式授权的律师签字后，可委派合适人员担任代表，出席管理法团或次级管理法团的一次特定会议或全部会议。被委托人根据授权，有权代表公司行使其作为个体的同等权力，直至公司撤销授权。

委托代理文书

第十七条

（1）委托代理文书应以书面文件形式呈现

（a）由委托人或其书面正式授权的律师签字；或

（b）若委托人为公司，可加盖公章或由一位高级职员或正式授权的律师签字。

（2）若要单位业主得以投票赞成或反对一个决议，委托代理文书应遵照以下格式：

＊我/我们，_____（姓名），是上述管理法团的成员，特此委托_____（如填律师事务所等）的_____（姓名），为我/我们的代理人，代表我/我们参加管理法团或次级管理法团于20____年____月____日举行的_____（年度或特别业主大会，视情况填写）及其任何会议延期会议，并通过以下方式代表我/我们投票：

决议	赞成	反对	弃权

注：1. 单位业主可指派其代理人在上表中"赞成""反对"或"弃权"相应的表格内打钩，对决议进行投票。计票时，弃权票不予计算。2. 对于会议前提出的所有问题，包括将延期会议或修改任何在此会议上提出的决议，若单位业主未表明对于上表的投票意向，代理人可自行决定投票或弃权。3. 若我/我们出席该会议，此委托代理文书应视为无效。

签署于20____年____月____日

单位业主签名_____

代理人签名_____

＊请删除不适用的项目

（3）委托代理文书应被视为授权要求或共同要求按所有权份额投票之正式文件。

（4）若委托人出席该会议，委托代理文书视为无效。

（5）一名指定的代理人至多仅能代表

（a）2个单位；或

（b）开发项目中单位总数的2%（向下取最近似的整数），

以较高者为准。

（6）若指定的代理人代表的单位超过了第（5）款提到的最大数量，则超出部分的委托代理文书视为无效。

委托代理文书存放至管理法团或次级管理法团的注册地址

第十八条

经签字的委托代理文书和授权委托书或其他授权文书（如有），或经公证的授权文书的核证副本应按以下时间规定，呈送至管理法团或次级管理法团（视情况而定）的注册地址，或呈送至会议通知中专门规定的新加坡其他地点——

（a）若文书中提到的投票人将会在会议上建议举行投票表决，须在参加的会议或延期会议召开前48小时以上；或

（b）若为投票表决，须在规定投票时间前48小时以上；

如未在规定时间内送达，委托代理文书将被视为无效。

代理人的权力

第十九条

（1）代理人无须为单位业主。

（2）除非第（3）款另有规定，正式委托的代理人——

（a）如不作为代理人但有权表决，则也可独立投票；并且

（b）如被多人委托为代理人，可在每次投票中单独作为一个代理投票。

（3）如委托人在某个事项中亲自使用对此事的投票权，则代理人不能进行投票。

委托人死亡等情形下授权不予以撤销的情况

第二十条

在投票前出现以下情况，如委托人死亡、精神错乱、文书或已执行文书的授权被撤销以及文书授予的有关份额被转让，且在使用该文书的会议或延期会议召开前，管理法团或次级管理法团（视情况而定）的注册登记处未接到有关上述死亡、精神错乱、撤销或转让的书面通知，则按照授权委托文书条款规定而进行的投票应视为有效。

附表二

第五十三条（11）款，第五十四条第（4）款，第八十条第（6）款和第一百三十五条第（1）款

理事会和执行委员会的会议记录

大会主席负责主持会议

第一条

理事会或执行委员会主席应主持其出席的所有理事会或执行委员会（视情况而定）会议，如主席未能出席此次会议，理事会或执行委员会的与会人员应推选他们中的一员主持会议。

举行会议的方法

第一 A 条

（1）理事会或执行委员会应召集其成员以达到法定人数，并在指定的时间和地点召开理事会或执行委员会会议。

（2）对于一次会议，如理事会或执行委员会经决议采用电话会议、视频会议或其他电子通信手段，则需要满足——

（a）所有准备参加此次会议的理事会或执行委员会（视情况而定）成员具备所要求的技术条件；且

（b）法定数量的与会成员能够在会议期间同时相互沟通。

理事会或执行委员会会议

第二条

（1）在任何一次理事会或执行委员会会议中，成员法定人数须视情况而定——

（a）如会议上只有一名理事会或执行委员会的成员，会议的法定人数须包括该成员；或

（b）如会议上有 2 名及 2 名以上的理事会或执行委员会的成员，会议的法定人数须包含理事会或执行委员会中大多数该组织成员。

（2）为确定是否有法定人数，理事会或执行委员会的成员应被视为出席会议，尽管根据第六十条，该成员不能投票或已经退出会议。

（2A）本项意为，凡在第一 A 条中第（2）款规定内的理事会或执行委员会成员出席理事会或执行委员会会议，都被视作出席会议。

（3）根据本法规定，任何事项的决定——

（a）如会议上只有一名理事会或执行委员会成员，以该成员的投票意见为准；或

（b）如会议上有 2 名及 2 名以上的理事会或执行委员会成员，对该事项的投票结果以多数为准，

须为理事会或执行委员会（视情况而定）在任何法定人数在场的会议上的决定。

（4）理事会或执行委员会须按第六十条第（3）款记录其决定和任何下发至其秘书的通知，须保存完整准确的会议记录。

记录的保存

第三条

（1）理事会或执行委员会须保存其诉讼记录，并且须保存大会的记录。

（2）理事会或执行委员会必须维护一个公告栏并在上面展示——

（a）理事会或执行委员会在近14天内的会议记录副本；或

（b）管理法团或次级管理法团近45天内的业主大会会议记录副本。

（2A）第（2）款中提及的公告栏可以是在管理法团或次级管理法团的网站上维护的线上公告栏。

（3）第（2）款中提及的任何记录须在公告栏上展示不少于14天。

（4）理事会或执行委员会也可以在第（2）款第（a）项或第（b）项中规定的期限内，将该段中涉及的记录文件的副本分发给所有单位业主。

（5）理事会或执行委员会须——

（a）就其收取及支出的所有款项，备存适当的账目，列明与收支相关的事项；且

（b）一经单位业主或抵押权人（或任何获其书面授权的人士）申请，即可在任何合理时间查阅账目。

理事会或执行委员会会议通知

第四条

（1）理事会或执行委员会须通过如下方式在会议召开至少3

日前发布通知，告知其召开会议的意向——

（a）将通知公示于管理法团或次级管理法团（视情况而定）的公告栏上；且

（b）将通知分发给理事会或执行委员会的每名成员，具体视情况而定。

（2）理事会或执行委员会召开会议意向通知须按第（1）款列明如下事项：

（a）会议的详细议程；

（b）会议举行的时间、地点及会议开始的时间；

（c）理事会或执行委员会是否依其决议，采用第一A条第（2）款中阐述的方式召开理事会或执行委员会会议，通过该方法确定会议举行及确定参加会议的方式信息，其中上述方法包括（但不限于）使用密码。

理事会或执行委员会会议的休会流程

第四A条

（1）如休会动议在会上得以通过，理事会或执行委员会会议将因任何原因休会。

（2）理事会或执行委员会须发布通知按第（1）款规定说明会议重新召开的时间和地点。

（3）通知须按第（2）款要求至少在会议重新召开前3日发布，方式如下：

（a）将通知公示于管理法团或次级管理法团的公告栏上；

（b）将通知分发给理事会或执行委员会的每名成员。

单位业主参加理事会会议等事项

第五条

（1）单位业主如是管理法团成员，应有权参与管理法团理事会会议，但未经理事会许可，不得在会议上发言。

（2）如单位业主是次级管理法团成员，应有权参与次级管理法团的执行委员会会议，但未经执行委员会许可，不得在会议上发言。

（3）除是次级管理法团成员的单位业主外，任何其他单位业主不得参加次级管理法团执行委员会会议。

（4）如理事会或执行委员会按决议，采用第一A条第（2）款中的方法召开会议，则单位业主采用第四条第（2）款第（c）项中列明的方法即可视为出席会议。

缺席等情况下仍然有效的理事会或执行委员会法令

第六条

理事会或执行委员会之任何意图良好的行为或程序，虽在该行为或程序作出、采取或开始时有——

（a）理事会或执行委员会成员缺席；或

（b）任何尚未委任或任何该类成员的资格被取消的情况，

可视为与理事会或执行委员会组成充分且合理、并不存在职位空缺、未委任或取消资格等情形的情况下同样有效。

书面决议

第七条

理事会或执行委员会的决议如属下列情况，即使提议提交该决议动议的会议没有按照第一A条的规定举行，也应被视为已有效通过——

（a）通知是根据理事会或执行委员会（视情况而定）会议法附表发出的；

（b）动议副本已分发给理事会或执行委员会（视情况而定）的每名成员；

（c）该决议经理事会或执行委员会（视情况而定）多数成员书面通过；且

（d）决议动议不涉及管理法团或次级管理法团（视情况而定）根据第五十九条作出的任何决定，该动议只可由其理事会或执行委员会（视情况而定）在会议上作出决定。

详见附表二

理事会或执行委员会会议记录

第八条

理事会或执行委员会每次会议记录须列明以下信息：

（a）会议的日期、时间和地点；

（b）与会的理事会或执行委员会成员名单；

（c）投票的理事会或执行委员会成员名单；

（d）会议上提出的每项动议的投票结果；

（e）会议上通过的每项决议全文。

附表三

对《地契（分层）法》（1999年版第一百五十八章）的相应修订

（1）对第三条的修正

（i）在"分层地契委员会"的定义中删除"第八十六条"的字样，并替换为《2004年建筑维修及分层地契管理法》。

（ii）删除"（建筑）执行专员"定义中的"建筑及共有物业（维修与管理）法（第三十章）"的说法，并替换为《2004年建筑维修及分层地契管理法》。

（iii）删除"共有物业"定义并替换为如下定义：

"除非第（2）款中另有规定，'共有物业'指——

（a）与分层地契计划已经包含或将要包含的任何土地和建筑、

或该土地和建筑的一部分有关的——

（i）不包含在该分层地契计划内的任何已建单位或待批单位中；且

（ii）被两个或更多单位的使用人使用或能够使用或享用；或

（b）对于任何其他土地和建筑而言，该部分土地及建筑——

（i）不包含在任何未分层建筑单位中；且

（ii）被该土地或建筑内两个以上（含两个）非分层单位的使用人使用或能够使用或享用；"

（iv）删除"理事会""初期""物业公司""部长""主席"及"建筑分层单位"的定义。

（v）删除"土地"定义并替换为如下定义：

"此处'土地'的定义与《地契法》（第一百五十七章）中定义相同；"。

（vi）删除"管理法团"定义并替换为如下定义：

"管理法团"是指根据《2004年建筑维修及分层地契管理法》组成的管理法团。

（vii）删除定义"已注册土地"中的"或任何其他租期不少于21年的租约，租期自根据本法提交平面图作为分层地契计划之日起算"等字样。

（viii）删除"分层地契份额""特别决议"和"分层地契房屋信息档案"的定义并替换为如下定义：

"分层建筑单位附表"，对于任何土地或建筑，均意味着法案执行专员按《2004年建筑维修及分层地契管理法》第十一条接受该土地或建筑分层单位附表；

"分层地契份额"定义与《2004年建筑维修及分层地契管理法》中的定义相同；

"特别决议"定义与《2004年建筑维修及分层地契管理法》中的定义相同;

"分阶段开发"和"分阶段开发合同"分别与《2004年建筑维修及分层地契管理法》中的相应定义相同;

"分层地契房屋信息档案"定义与《2004年建筑维修及分层地契管理法》中的定义相同;

(ix) 紧接在"附属业权证明书"的定义之后,添加如下定义:

"次级管理法团"定义与《2004年建筑维修及分层地契管理法》中的定义相同;

(x) 删除"一致决议"的定义并替换为如下定义:

"一致决议"定义与《2004年建筑维修及分层地契管理法》中的定义相同;

(xi) 重新将该条编号为第(1)款,并紧接其后添加如下条款:

"(2) 就本法而言——

(a) 所有单位、待批单位或位于单位、待批单位或(视情况而定)非分层单位外墙的非分层单位的窗户,无论是百叶窗、竖铰链窗、推拉窗或有任意可移动部件的窗户,皆为该单位、待批单位或未分层单位的一部分,且不是共有物业;

(b) 除非在分层地契计划中另有规定,否则单位或待批单位或位于该单位、待批单位或(视情况而定)非分层单位外墙的外非分层单位的所有其他窗户,皆为共有物业。"

(2) 对第七条的修正

已废除

(3) 新增第十A条

紧接第十条后插入如下条款："管理法团等的设立"。

第十A条

（1）各分层地契计划所包括的所有单位业主，应依本法于该分层地契计划申请登记之日，成立该分层地契计划物业管理法团。

（2）根据《2004年建筑物维修及分层地契管理法》第七十八条第（2）款第（b）项，在分层地契计划或向总测量师提交的综合决议中，对任何被指定的限制性共有物业享有排他性受益的单位的单位业主，须在依本法就分层地契计划或注册官要求的其他文书进行登记申请的当日，为该限制性共有物业设立次级管理法团。

（3）注册官可在管理法团或次级管理法团缴纳预付款后，向其发出证书，证明该管理法团或次级管理法团（视情况而定）是在该证书指明的日期成立的法人团体。

（4）对第十一条第（1）款的修正

紧接着"在本法中"字样后插入如下内容："或《2004年建筑维修及分层地契管理法》"。

（5）根据2017年第35号法案删除，2019年02月01日正式生效。

（6）对第二十二条的修正

删除第（1）款并替换为如下内容：

"（1）该条须应用于如下情况：管理法团已依据《2004年建筑维修及分层地契管理法》第三十五条第（1）款规定，通过一致决议，来——

（a）代表单位业主执行地役权授予或限制性契约；

（b）代表单位业主接受地役权的授予或限制性契约；

（c）代表单位业主放弃地役权的授予或限制性契约；或

(d) 代表单位业主接受放弃地役权的授予或限制性契约。"

(7) 对第二十三条的修正

(i) 删除第 (1) 款并替换为如下条款：

(1) 该条法律须适用于如下情况：物业管理法团依据《2004年建筑维修及分层地契管理法》第三十四条第 (1) 款规定，通过特别决议——

(a) 代表其单位业主执行共有物业任一部分之转交流程（包括任一建筑的一部分或附属于共有物业的不动资产）；或

(b) 代表单位业主执行此类共有物业的租赁条约或外租部分。

(ii) 删除第 (2) 款中"且注册官已批准"的说法，并替换为"已经批准"。

(iii) 在第 (2) 款和第 (3) 款中，凡是出现"移交"字样处，都紧接其后添加"或租约"字样。

(iv) 紧接第 (4) 款"免除"后添加"任何财产留置权和"。

(8) 对第二十五条的修正

(i) 删除第 (1) 款并替换为如下条款：

(1) 该条法律须应用于如下情况：物业管理法团已依据《2004年建筑维修及分层地契管理法》第三十四条第 (3) 款规定，通过特别决议，以创造额外的共有物业为目的接受——

(a) 任一毗邻该地块的土地（非销售或购买协议内的单位）的转让与移交，免受任何财产留置权（除非该权利是由成文法和现存地役权产生的）的影响；

(b) 任一单位的转让与移交，包括该单位附属共有物业之未分割份额，免受任何财产留置权（除非该权利是由成文法和现存地役权产生的）的影响；或

(c) 土地的租约，无论该土地是否毗邻该地块，均不是该地

块内的单位。

（ii）删除第（4）款第（b）项中的"单元份额"的说法，并替换为"分层地契份额"。

（iii）紧接第（4）款插入如下条款：

"（5）本条中涉及的一切待转交土地或已转交土地须包括第（1）款第（c）项中描述的土地租约。"

（9）对第二十六条的修正

（i）删除第（1）款，并替换为以下条款：

"（1）根据《2004年建筑维护与分层地契管理法》第三十四条第（5）款，本条适用于两个或两个以上的管理法团以各自的特别决议决定合并相应共有物业的情况，并且相关管理法团应执行该转让文书。"

（ii）删除第（1A）款所提及的"单元份额"，并以"分层地契份额"替代。

（10）对第二十七条的修正

废除原第二十七条并替换为以下条款：

影响共有物业的法院命令

第二十七条

（1）根据《2004年建筑物维修和分层地契管理法》第三十六条提出的每一份转让或接受转让的文书，应附有根据该条作出的经核证为真实的法院命令副本，并对该转让或接受转让进行指导，任何土地或共有物业的细分与合并须通过主管当局的批准，并附有批准文书的真实副本。

（2）注册官在注册转让后：

（a）对于所有或部分的共有物业的转让，所有单位业主及其他对共有物业享有注册权益的人均须接受法庭命令和第二十三条第（4）款对该转让的规定，必要时可做修改。

（b）如增加共有物业，第二十五条第（3）款、第（4）款适用于该转让，必要时可做修改；且

（c）对于两个或两个以上共有物业管理法团的合并，第二十三条（4）款，第二十六条第（2）款、第（4）款和第（5）款均适用于该合并，必要时可做修改。

（11）对第三十条第（1A）款的修正

删除"第七条"字样，替换成"《2004年建筑维护与分层地契管理法》的第十一条"。

（12）对第四节的修正

已废除。

（13）对第七十七条的修正

（i）删除第（1）款中"分层建筑受损或毁坏"的字样，替换成"所有包含在分层地契计划中的土地和建筑均属《土地征用法》（第一百五十二章）第五条中所声明的主体，或任何包含在分层地契计划中的建筑受到损害或毁坏"。

（ii）紧接第（4）款中"第（1）款"字样后加上"［根据《土地征用法》（第一百五十二章）］第五条所声明的土地和建筑除外。"

（14）对第八十一条的修正

（i）删除第（1）款，并替换成以下内容：

（1）本条适用于根据"《2004年建筑维护与分层地契管理法》第八十四条，管理法团决定终止建筑物的地契分层情况"。

（ii）删除第（13）款中"第四十二条第（2）款"字样，替换成"第三十九条第（2）款"。

（15）新增第八十三A条

紧接第八十三条后加上以下内容：

适用于次级管理法团

第八十三 A 条

根据《2004 年建筑维护与分层地契管理法》第八十四条、第八十一条、第八十二条及第八十三条可适用于次级管理法团决定终止其限制性公共物业的情况，必要时可做修改。

（16）对第八十四 A 条，第八十四 D 条和第八十四 E 条的修正

删除所有出现在第八十四 A 条第（3）款、第（4）款、第（13）款和第（14）款，第八十四 D 条第（3）款以及第八十四 E 条第（4）款及第（5）款中的"附表四"字样，并替换成"附表"。

（17）对第八十四 G 条的修正

在紧接着第八十四 F 条后加上以下内容：

《2004 年建筑维护与分层地契管理法》的应用

第八十四 G 条

《2004 年建筑维护与分层地契管理法》的第六部分以及根据该法制定的任何条例都适用于这一部分，必要时可做修改。

（18）对第六节的修正

已废除。

（19）对第一百一十六条、第一百一十七条、第一百一十八条和第一百二十条的修正

已废除。

（20）对第一百一十九条的修正

（i）删除第（2）款第（a）项中"第五十五条"字样，替换成"《2004 年建筑维护与分层地契管理法》中的第二十八条"。

（ii）删除第（3）款中的"执行专员"字样。

（21）对第一百二十三条第（2）款的修正

删除"第四节到第七节"字样，用"《2004年建筑维护与分层地契管理法》第十A条，第五节以及第八节"替换。

（22）对第一百二十四条第（2）款的修正

删除"第四节到第七节"字样，用"《2004年建筑维护与分层地契管理法》第十A条，第五节以及第八节"替换。

（23）对第一百二十五条的修正

（i）在紧接着第（2）款第（a）项"分层地契份额的分配"后加上"根据《2004年建筑维护与分层地契管理法》"的字样。

（ii）删除第11款中"第四十八条第（1）款第（r）项"的字样，替换成"《2004年建筑维护与分层地契管理法》第三十九条第（3）款"。

（24）对第一百二十六条的修正

（i）在第（2）款"分层地契份额的分配"后加上"根据《2004年建筑维护与分层地契管理法》"等字样。

（ii）删除第10款中"第四十八条第（1）款第（r）项"字样，替换成"《2004年建筑维护与分层地契管理法》第三十九条第（3）款"。

（25）对第一百二十六A条第（6）款的修正

删除"第四十八条第（1）款第（r）项"等字样，替换成"《2004年建筑维护与分层地契管理法》第三十九条第（3）款"。

（26）对第一百二十六B条的修正

删除第（h）项中"第七十一条和第七十二条"字样，替换成"《2004年建筑维护与分层地契管理法》中的第六十七条和第六十八条"。

（27）对第一百二十七条第（8）款的修正

删除"第四十八条第（1）款第（r）项"字样，替换成

"《2004年建筑维护与分层地契管理法》第三十九条第（3）款"。

(28) 对第一百三十条第（2）款的修正

删除第（a）项，第（b）项，第（c）项，第（d）项和第（i）项

(29) 对附表一、附表二和附表三的修正

已废除。

(30) 对附表四的修正

删除第一行"附表四"字样，用"附表"代替。

附表四

第三十二条第（2）款，第一百三十七条第（1）款及第一百三十九条

过渡性条文及保留条文

第一节

因废止《建筑和共有物业（维修与管理）法》而设立的过渡性条文及保留条文

现任建筑执行专员及其他官员

第一条

在2005年4月1日之前仍为——

(a) 建筑执行专员，或

(b) 根据已废止法第三条第（1）款任命的官员

的人应继续担任各自所在职务，视之为根据本法第三条第（1）款和第（3）款而受到任命

已废止条文发布的通知和命令

第二条

(1) 由建筑执行专员根据已废止法拟备、发布或制定的任何通知、命令或其他文件，只要不违反本法规定，都应视为是根据

本法相应的规定而拟备、发布或制定的通知、命令或文件。

（2）建筑执行专员根据已废止条文批准的任何维修费用，只要不违反本法规定，都应视为已根据本法第十八条获得批准。

待办的通知、申请等

第三条

（1）凡在2005年4月1日之前根据已废止法规定提交批准的任何申请、登记簿或其他文件，如在2005年4月1日之前未获批准，则应根据实际需要视为根据本法相应条款提交批准的申请、登记簿或文件。

（2）凡在2005年4月1日之前已经由建筑执行专员或其代表开展的任何事项，可由建筑执行专员本人或在其授权下根据本法相应条款继续执行和完成。

等待上诉

第四条

凡根据已废止法第六条或第十二条向部长提出的上诉，若在2005年4月1日之前尚未得到处理或处置，可视同本法的废止尚未颁布，因而根据已废止条款进行处理。

现有维护基金和物业公司

第五条

（1）2005年4月1日前开发商根据已废止法针对任何开发项目设立的各项维护基金，都应依然视为开发商根据本法第十六条第（2）款设立的维护基金。

（2）本法中的任何规定均不得要求业主开发商将本项所述的任何维护基金用于处置2005年4月1日之前的任何投资项目。

（3）任何2005年4月1日前担任由建筑专员根据废止法第十二条任命的物业代理人可视同已根据本法第十九条受到委任，

因而将继续担任代理人。

现有附属法律

第六条

根据已废止法制定的、并在 2005 年 4 月 1 日前仍生效的任何附属法律，只要不与本法规定相抵触，在根据本法制定的附属法律将其撤销或废止之前，应将其视同为根据本法而制定，并继续有效。

第二节

《分层地契法》修正案涉及条文

定义

第七条

在本节中，除文意另有所指外，"前条例"指的是被本法废止的《地契（分层）法》（第一百五十八章）第四节。

分层地契委员会及其官员

第八条

所有在 2005 年 4 月 1 日前仍任职为：

（a）分层地契委员会主席或副主席

（b）根据已被本法废止的《地契（分层）法》第八十七条成立的分层地契委员会专家组成员，或者，

（c）分层地契委员会注册官，

都应视为经本法相应条款任命而继续担任该职位，他们各自任期的结束应按如同本法第六节尚未颁布而规定的期限。

分层地契委员会的待决诉讼

第九条

本法不应影响——

（a）任何在 2005 年 4 月 1 日分层地契委员会成立之前开始或

待处理的诉讼。该诉讼都应视同本附表尚未颁布而继续执行,并且与该诉讼有关的一切工作皆可在 2005 年 4 月 1 日后全面施行。

(b) 所有分层地契委员会在 2005 年 4 月 1 日之前作出的任何命令或决定之继续执行或效力,且

(c) 2005 年 4 月 1 日之前因分层地契委员会作出的任何命令或决定而产生的任何上诉权利。

现有管理法团的继续运作

第十条

(1) 根据之前条款成立的分层地契计划管理法团应继续运作,并且自 2005 年 4 月 1 日起,应视为根据本法成立的分层地契计划管理法团。

(2) 在符合本节条款的情况下,任何管理法团在 2005 年 4 月 1 日前根据先前条款作出或采用的任何决议、决定、批准或许可,均应视为是根据本法相应规定作出或采用的决议、决定、批准或许可。

理事会的继续运作

第十一条

(1) 根据前条款为管理法团而设立并根据第十项继续运行的任何理事会,将自 2005 年 4 月 1 日起成为该管理法团的理事会,除非本法另有规定。

(2) 在 2005 年 4 月 1 日前仍为第(1)款所指的理事会成员,都应视为是由本法相应条款任命,并继续担任其相应职位。

(3) 根据第十条规定,本法第五节第三部分的任何规定不得要求任何在 2005 年 4 月 1 日之前仍担任管理法团财务总监或在其理事会连任两届以上的成员在 2005 年 4 月 1 日或之后离职,但在由管理法团成立的下一届年度业主大会选举新理事会中,此人不

得继续担任财务总监。

（4）本法第五节第三部分不得要求在 2005 年 4 月 1 日之前仍是第（1）款所述理事会成员且未获解除破产的任何人在该日期或之后因该破产而辞去其职务。

即将召开的业主大会和理事会会议

第十二条

按照第十条规定继续举行的管理法团议或由其理事会召开的大会，如已按照先前条款于 2005 年 4 月 1 日之前发出通知，应视为本法尚未颁布，按照先前条款继续举行。

继续运行的管理法团的维修资金和累积基金

第十三条

（1）除非第（4）款另有规定，根据第十条的规定而继续运行的管理法团，其根据先前条款作出的决定或征收的费用，如在 2005 年 4 月 1 日前已经生效，则该决定或费用应被视为由管理法团根据本法相应条款作出或（根据具体情况）缴收。

（2）根据第十条规定而继续运行的管理法团，其根据先前条款征收的且在 2005 年 4 月 1 日之前未支付的费用可由管理法团追偿，并且应根据本法规定自 2005 年 4 月 1 起对该款项征收利息。

（3）根据第十条规定而继续运行的管理法团，其于 2005 年 4 月 1 日前根据先前条款保管的每一笔维修资金和累积基金，都应继续保留并分别被视为根据本法第三十八条规定由管理法团设立和管理的维修基金和累积资金。

（4）除非本条另有规定，根据第十条规定继续运行的管理法团根据先前条款作出的任何决议或决定，如与第二条不一致，则不一致之处无效。

管理法团继续运作的规约

第十四条

（1）除非本条另有规定，根据第十条规定继续运行的管理法团根据先前条款制定的分层地契计划，其所包含的任何地块的规约若在2005年4月1日前仍有效力，则其将继续有效并且被视为是根据本法第三十二条或第三十三条制定的。

（2）除非第（3）款另有规定，根据第十条规定继续运行的管理法团根据先前条款制定的分层地契计划所包含的任何地块的规约应为以下在2005年4月1日前仍然有效的规约——

（a）本法废止的《地契（分层）法》（第一百五十八章）附表一所列出的规约，且

（b）管理法团按照本法已废止的《地契（分层）法》第四十一条（第一百五十八章）制定并呈交建筑专员的任何附加规约或与之相关的修正或废止。

（3）若管理法团通过特别决议，采纳根据本法制定的规约以替换本法废止的《地契（分层）法》附表一的规约，则本法规定的规章细适用于任何地契分层法包含的、成立根据第十条规定继续运行的管理法团的所有地块并成为其规约。

（4）如单位业主在2005年4月1日前根据本法已废止的《地契（分层）法》第四十一条的规定，仍具有对任何共有物业的排他性专用或专项权或特权，时任单位业主应根据规约的条款继续享有这一权利或这些特权；除非管理法团一致决议另作解决，否则任何规约都应可以在合理通知后终止。

（5）根据第十条规定继续运行的管理法团根据先前条款制定的任何规约，若与第二条不符，则与第二条不符之处无效。

前初期阶段

第十五条

（1）若根据第十条规定继续运行的管理法团在 2005 年 4 月 1 日前夕开始前初期阶段运作，则本法第四十九条不适用于该管理法团，并且前初期阶段应——

（a）自 2005 年 4 月 1 日前夕某日或某事件开始运作起计算，且

（b）如同本法尚未颁布，在应到期的任何时间到期（须遵守先前关于延期的任何规定），

根据先前条款，任何取决于前初期阶段的开始、持续和结束时间的权利、义务、限制、权力或责任都应如同本法尚未颁布一样继续保留。

（2）在第（1）款中，"前初期阶段"指的是本法废止的《地契（分层）法》第五十一条所指的阶段。

现有代理人

第十六条

根据本法废止的《地契（分层）法》附表三任命一人为另一人的代理人，且该任命在 2005 年 4 月 1 日前依然有效，则此类任命应视为是根据本法条款制定的代理文书。

建筑执行专员先前的通知和命令等

第十七条

（1）建筑专员根据本法所废止的《地契（分层）法》（第一百五十八章）第七条接受或视为接受的任何建筑分层单位附表，应视作已被建筑执行专员根据本法第十一条采纳。

（2）建筑专员根据本法所废止的《地契（分层）法》条款准备、制订、批准或通过的任何通知、命令、许可或其他文件，只

要其不与本法条款相抵触，应继续并视为已根据本法的相应条款进行准备、制订、批准或通过。

其他成文法对于本法的参考部分

第十八条

任何涉及先前条款的成文法或文件，在为保持其效力所必需的范围内，应将其理解为参照本法的相应条款或包含对本法相应条款的参考。

附表五

第一百四十条

对其他成文法的相应修订

（1）对《建筑控制法》（第二十九章，1999年版）的修订——

（a）对第二条第（1）款的修正——

（i）删除"共有物业"的定义，并用以下定义代替：

"'共有物业'与其在《2004年建筑维护与分层地契管理法》中的含义相同；"。

（ii）在紧接着"关键结构要素"的定义后插入以下定义：

"'限制性共有物业'与其在《2004年建筑维护与分层地契管理法》中的含义相同；"。

（iii）删除关于"业主"定义的第（c）项并换成以下段落：

"（c）任何分层地契建筑的共有物业，包括根据《2004年建筑维护与分层地契管理法》设立且控制该建筑的管理法团，或者接受任何租金或收取该共有物业维修费用的人，或者部长根据《中等入息公寓住宅区法》（第一百三十一章）第三条下令组建的任何法人团体；

（ca）任何分层地契建筑的限制性共有物业，包括根据《2004

年建筑维护与分层地契管理法》设立且控制限制性共有物业的次级管理法团，或者接受任何租金或收取该限制性共有物业维修费用的人；"。

（b）对第二十六条第（1）款的修正——

（i）删除关于"业主"定义的第（b）项第（ii）目末尾的"和"字。

（ii）"业主"定义中紧接着第（b）项后插入以下项：

"（ba）任何包含两个或两个以上公寓的建筑物的限制性共有物业是指次级管理法团，或者接受任何租金或收取该限制性共有物业维修和管理费用的人；以及"。

（2）对《民防掩蔽法》（第四十二A章，1998年）第二条第（1）款的修正——

删除关于"业主"定义的第（b）项末尾的"和"字，并紧接其后插入以下项：

"（ba）关于主管部门批准的分层地契划分计划中任何地面建筑物的限制性共有物业，指的是次级管理法团控制该限制性共有物业；以及"。

（3）对《病媒和农药控制法》（第五十九章，2002年）第二条的修正——

删除关于"业主"定义的第（c）项，并替换成以下段落：

"（c）关于主管部门批准的分层划分计划中任何地面建筑物的共有物业，包括控制该建筑的管理法团，以及管理法团或建筑执行专员根据《2004年建筑维护与分层地契管理法》任命的物业公司，以及该管理法团任命的清偿人；

（ca）关于主管部门批准的分层地契划分计划中任何地面建筑物的限制性共有物业，包括控制该限制性共有物业的次级管理法团，以及次级管理法团或建筑执行专员根据《2004年建筑维护与分层地契管理法》任命的物业公司，以及该次级管理法团任命的清偿人；以及"。

（4）对《环境污染控制法》（第九十四A章，2002年）第二条的修订——

（i）删除关于"业主"定义的第（b）项末尾的"和"字。

（ii）删除关于"业主"定义的第（c）项，并替换成以下项：

"（c）任何分层地契建筑的共有物业，包括根据《2004年建筑维护与分层地契管理法》设立且控制建筑的管理法团，或者接受任何租金或收取该共有物业维护费用的人，或者部长根据《中等入息公寓住宅区法》（第一百三十一章）第三条下令组建的任何法人团体；以及

（d）任何分层地契建筑的限制性共有物业，包括根据《2004年建筑维护与分层地契管理法》设立且控制限制性共有物业的次级管理法团，或者接受任何租金或收取该限制性共有物业维护费用的人；"。

（5）对《公共环境健康法》（第九十五章，2002年）第二条的修正——

（i）删除关于"业主"定义的第（b）项末尾的"和"字。

（ii）删除关于"业主"定义的第（c）项，并替换成以下项：

"（c）任何分层地契建筑的共有物业，包括根据《2004年建筑维护与分层地契管理法》设立且控制建筑的管理法团，或者接受任何租金或收取该共有物业维护费用的人，或者部长根据《中等入息公寓住宅区法》（第一百三十一章）第三条下令组建的任何法人团体；以及任何分层地契建筑的限制性共有物业，包括根据《2004年建筑维护与分层地契管理法》设立且控制限制性共有物

业的次级管理法团，或者接受任何租金或收取该限制性共有物业维护费用的人；"。

（6）对《工厂法》（第一百〇四章，1998年）第七十三条的修正——

删除第（6）款并换成以下条款：

"（6）在本条中，'业主'，涉及——

（a）任何分层地契建筑的共有物业，包括控制该建筑的管理法团，或者接受任何租金或收取该共有物业维护费用的人；和

（b）任何分层地契建筑的限制性共有物业，包括控制限制性共有物业的次级管理法团，或者接受任何租金或收取该限制性共有物业维护费用的人。"

（7）对《消防安全法》（第一百〇九A章，2000年）第二条第（1）款的修正

（i）删除关于"火灾隐患"定义的第（e）项中的"或共有物业"，并换成"，共有物业或限制性共有物业"。

（ii）在关于"业主"定义的第（b）项之后紧接着插入以下项：

"（ba）对于主管部门批准的分层划分计划中任何地面建筑物的限制性共有物业而言，是指控制该限制性共有物业的次级管理法团；以及"。

（8）对《商品和服务税法》（第一百一十七A章，2001年）附表四第四项的修订——

在第（3）项第（b）目中"共有物业"几个字之后紧接着插入"或限制性共有物业"字样。

（9）对《住房开发商（控制和许可）法》（第一百三十章，1985年版）的修订——

(a) 对第二十二条第（2）款的修正——

紧接着第（c）项后插入以下段落：

"（ca）任何合同中披露的应由持牌住房开发商、其代理人或名义持有人及地块中任何限制性共有物业的购买人使用的内容；

（cb）本法为阶段性开发或就阶段性开发中任何要求或允许作出规定的事宜，并修改任何本法关于阶段性开发条款的应用；"。

(b)【根据2019年2月1日正式生效的2017年第35号法删除】

(10) 对《中等入息公寓住宅区法》（第一百三十一章，1985年）的修订——

(a) 对第二条第（1）款的修正——

(i) 删除"执行专员"定义中的"《建筑和共有物业（维修与管理）法》"字样，并替换成"《2004年建筑维护与分层地契管理法》"。

(ii) 删除在"（建筑）执行专员"定义中页边引用的"第三十章"。

(b) 对第十七条第（5）款的修正——

(i) 删除"《建筑和共有物业（维修与管理）法》"，并替换成"《2004年建筑维护与分层地契管理法》"。

(ii) 删除页边引用的"第三十章"。

(11)【根据2019年2月1日正式生效的2017年第35号法删除】

(12) 对《商业地产销售法》（第二百八十一章，1985年）的修订

(a)【根据2019年2月1日正式生效的2018年第35号法删除】

(b) 对第十条第（2）款的修正——

在第（c）项后紧接着插入：

"（ca）要求在任何销售和购买协议中披露包含在待售商业地产中的任何限制性共有物业；

（cb）规定本法规定或准许为阶段性开发、就阶段性开发订立的任何事宜，并修改任何本法关于阶段性开发条款的应用；"。

（13）对《污水处理和排水法》（第二百九十四章，2001年）第二条的修正——

（i）删除关于"业主"定义的第（a）项末尾的"和"字。

（ii）删除关于"业主"定义的第（b）项并换成以下项：

"（b）主管部门批准的分层地契划分计划中任何地面建筑物的共有物业，包括控制该建筑的管理法团，以及管理法团或建筑执行专员根据《2004年建筑维护与分层地契管理法》任命的物业公司，以及该管理法团任命的清偿人；且

（c）主管部门批准的分层地契划分计划中任何地面建筑物的限制性共有物业，包括控制该限制性共有物业的次级管理法团，以及次级管理法团或建筑执行专员根据《2004年建筑维护与分层地契管理法》任命的物业公司，以及该次级管理法团任命的清偿人；"。

（14）对《吸烟（特定区域禁烟）法》（第三百一十章，2002年）第三条第（1）款的修正——

在第（b）项中的"共有物业"之后紧接着插入"或限制性共有物业"字样。

（15）对《市镇议会法》（第三百二十九A章，2000年）的修订——

（a）对第二条第（1）款的修正——

删除关于"共有物业"定义的第(a)项中的"和窗户"。

(b) 对第二十三条第(1)款的修正——

删除第(b)项中的"《建筑和共有物业(维修与管理)法》(第三十章)",并换成"《2004年建筑维护与分层地契管理法》"。

立法资料来源

《建筑维护与分层地契管理法》

（第 30C 章）

除非另有说明，在引用其他法律或法定条文中使用的缩略词主要引自以下法律和法定条文。提供这些引用是为了方便读者，而非是该法的一部分。

BCPA（已废止）：新加坡《建筑与共有物业（维护与管理）法》（第 30 章，2000 年修订版——已废止）

LT（S）A：新加坡《地契（分层）法》（第 158 章，1999 年修订版——在《建筑维护与分层地契管理法》（2004 年第 47 号法令）对该法令提出修正之前生效。）

立法历史

《建筑维护与分层地契管理法》

(第30C章)

提供本立法历史是为了方便《建筑维护与分层地契管理法》的使用者,并非该法的一部分。

1.2004年第47号法令——《建筑维护与分层地契管理法》(第30C章)

首读日期:2004年2月6日(2004年2月7日发布的2004年第6号议案)

二读日期:2004年4月19日

提交给特别委员会的日期:2004年4月19日

提交报告给国会:2004年10月7日(2004年国会第5次会议)

三读日期:2004年10月19日

生效日期:2005年4月1日［第七节第十一条第(2)款,第(4)款,第(6)款,第十二条第(2)款,第三十三条第(8)、(9)款,附表三第(5)款及附表五第(9)款第(b)项,第(11)款以及第(12)款第(a)项除外］

2.2005年第42号法——《2005年章程(杂项修正)(第2号)法》

首读日期：2005 年 10 月 17 日（2005 年 10 月 18 日发布的 2005 年第 30 号议案）

二读与三读日期：2005 年 11 月 21 日

生效日期：2006 年 1 月 1 日（第十一条——《2004 年建筑维护与分层地契管理法修正案》）

3. 2007 年第 2 号法——《2007 年章程（杂项修正）法》

首读日期：2006 年 11 月 8 日（2006 年 11 月 9 日发布的 2006 年第 14 号议案）

二读与三读日期：2007 年 1 月 22 日

生效日期：2007 年 3 月 1 日（附表第（一）项——《2004 年建筑维护与分层地契管理法修正案》）

4. 2007 年第 46 号法——《2007 年地契（分层）（修正）法》

首读日期：2007 年 8 月 27 日（2007 年 8 月 28 日公布的 2007 年第 32 号议案）

二读与三读日期：2007 年 9 月 20 日

生效日期：2007 年 10 月 4 日

5. 2007 年第 47 号法——《2007 年建筑控制（修正）法》

首读日期：2007 年 8 月 27 日（2007 年 8 月 28 日发布的 2007 年第 34 号议案）

二读与三读日期：2007 年 9 月 20 日

生效日期：2008 年 2 月 15 日

6. 2008 年第 5 号法——《2007 年工人赔偿（修正）法》

首读日期：2007 年 11 月 12 日（2007 年 11 月 13 日公布的 2007 年第 50 号议案）

二读与三读日期：2008 年 1 月 22 日

生效日期：2008 年 4 月 1 日

7. 2008 年修订版——《建筑维护与分层地契管理法》

执行日期：2008 年 7 月 31 日

8. 2008 年第 21 号法——《2008 年精神健康（护理和治疗）法》

首读日期：2008 年 7 月 21 日（2008 年 7 月 22 日发布的 2008 年第 11 号议案）

二读与三读日期：2008 年 9 月 15 日

生效日期：2010 年 3 月 1 日

9. 2010 年第 13 号法——《2010 年地契（分层）（修正）法》

首读日期：2010 年 4 月 26 日（2010 年 4 月 26 日公布的 2010 年第 9 号议案）

二读与三读日期：2010 年 5 月 18 日

生效日期：2010 年 7 月 15 日

10. 2014 年第 8 号法——《2014 年地契（修正）法》

首读日期：2014 年 1 月 20 日（2014 年 1 月 20 日发布的 2014 年第 4 号议案）

二读和三读日期：2014 年 2 月 17 日

生效日期：2014 年 8 月 15 日

11. 2014 年第 26 号法——《2014 年土地征用（修正）法》

首读日期：2014 年 7 月 7 日（2014 年 7 月 7 日发布的 2014 年第 20 号议案）

二读与三读日期：2014 年 8 月 5 日

生效日期：2014 年 9 月 29 日

12. 2017 年第 35 号法——《2017 年建筑维修与分层地契管理（修正）法》

首读日期：2017 年 8 月 1 日（2017 年 8 月 1 日发布的 2017 年

第29号议案）

二读与三读日期：2017年9月11日生效日期：2018年12月14日

13. 2018年第48号法——《2018年公共环境健康（修正）法》

首读日期：2018年9月10日（2018年9月10日发布的2018年第39号议案）

二读与三读日期：2018年10月2日

生效日期：2019年2月1日

14. 2017年第35号法——《2017年建筑维修与分层地契管理（修正）法》

首读日期：2017年8月1日（2017年8月1日发布的2017年第29号议案）

二读与三读日期：2017年9月11日

生效日期：2019年2月1日

对比表

《建筑维护与分层地契管理法》

（第30C章）

在本2008年修订版中，《建筑维护与分层地契管理法》（2004年第47号法）中的下列条款已由法律修订专员重新编号。

提供该对比表是为了方便使用者，而非《建筑维护与分层地契管理法》的一部分。

2008年版 2004年第47号法

略137—（1）

137—（1）（2）

（2）（3）

致　　谢

　　本书的推出离不开北京市人民政府外事办公室对中国公共政策翻译研究院（首都公共政策翻译研究中心）翻译团队的信任和支持。感谢北京市政府外事办公室张长春处长、董入雷副处长一直以来对团队翻译工作的有效指导和大力支持，感谢他们不吝时间对书稿进行审阅并提供了宝贵意见。感谢新加坡国立大学法学院教授 Teo Keang Sood、香港城市大学法学院王江雨教授、香港理工大学法律翻译专家李克兴教授及北京市住房与城乡建设委员会郭爱爱副处长等专家百忙之中抽出时间参加此次文稿的翻译研讨会，并从法律和物业管理的专业角度为译者答疑解惑，针对相关专业术语的翻译进行了细致深入地讨论，为文本提出了极具价值的修改意见。

　　感谢蔡艳媛、冯丽娜、马海磊、姚嘉宁、赵子昊等同学利用有限的课余时间和假期时间，以极其认真负责的态度多次参与稿件翻译校对工作，为本书最终的推出作出了重要的贡献。